카이런 센터 시리즈 1
현대 점성학 101

카이런 센터 시리즈 1

현대 점성학 101

발행일	2020년 3월 25일		
지은이	이종혁		
펴낸이	손형국		
펴낸곳	(주)북랩		
편집인	선일영	편집	강대건, 최예은, 최승헌, 김경무, 이예지
디자인	이현수, 한수희, 김민하, 김윤주, 허지혜	제작	박기성, 황동현, 구성우, 장홍석
마케팅	김회란, 박진관, 조하라, 장은별		
출판등록	2004. 12. 1(제2012-000051호)		
주소	서울특별시 금천구 가산디지털 1로 168, 우림라이온스밸리 B동 B113~114호, C동 B101호		
홈페이지	www.book.co.kr		
전화번호	(02)2026-5777	팩스	(02)2026-5747

ISBN	979-11-6539-076-1 04180 (종이책)	979-11-6539-077-8 05180 (전자책)
	979-11-6539-108-9 04180 (세트)	

이 도서의 국립중앙도서관 출판예정도서목록(CIP)은 서지정보유통지원시스템 홈페이지(http://seoji.nl.go.kr)와
국가자료공동목록시스템(http://www.nl.go.kr/kolisnet)에서 이용하실 수 있습니다.
(CIP제어번호: CIP2020011541)

카이런 센터 시리즈 1

현대 점성학 101

이종혁 지음

북랩 book Lab

머리말

필자의 현대 점성학 스토리

필자의 어머니는 사주와 무속 신앙을 좋아하셔서 어려서부터 우리가 흔히 말하는 '점'이라는 것에 익숙하였다. 어머니의 권유로 중요한 일이 있을 때에 무속인들을 찾아가 상담하였고 때때로 그들의 조언을 받아들였다. 그러나 그들이 필자의 미래를 맞춘 경우는 약 20~30퍼센트 정도였고 그들의 말을 듣고 투자했다가 손해를 보기도 했다.

그 후 점과 무속신앙 등을 멀리하고 관심조차 두지 않았다. 필자의 친한 친구가 타로 상담가인데 그 친구에게 타로 상담을 받은 것이 마지막이었다.

그러다가 우연히 타로 상담가 친구를 통하여 점성학(현대 점성학)을 접하게 되었는데 논리적 근거도 있는 것 같았고 축적된 경험치도 많아 보여서 재미 삼아 현대 점성학 공부를 시작했다. 두 분의 한국 선생님에게 가르침을 받고 더 많은 정보와 지식을 쌓고 싶었지만 현대 점성학에 대한 서적도 별로 없고 체계적으로 공부할 곳도 없어서 지인과 함께 해외 서적을 번역하고 해외 점성학 사이트에서 정보를 얻어 공부하였다.

그러다 영국 FAS의 온라인 수업을 듣게 되었고 그들이 주최한 발리 현대 점성학 세미나에서 대만 친구 이베타의 소개로 브라이언 선생님을 소개받았다. 브라이언 선생님의 교육 과정(Astro Synthesis)과 영국 LSA 학교의 예측 전문가(Professional

Forecasting) 교육 과정을 이수하였다. 2017년부터 한 달에 한 번 브라이언 선생님에게 개인 교습을 받고 있다.

필자는 여러 세미나와 콘퍼런스에 참여하며 많은 선생님들의 점성학적 견해와 이론을 배웠다.

점성학은 일종의 기호학이다. 그러므로 창의력, 상상력, 통찰력 등이 필요하고 중요하다. 그러나 창의력, 상상력, 통찰력도 이론이 밑바탕 되어야 한다.

점성학 표기

현재 우리나라에서는 점성학, 천문학, 별자리, 점성술(Astrology) 등 여러 가지 용어로 표기되고 있다.

사전에서 Astrology는 점성학 또는 점성술로 표기하며 Astronomy는 천문학으로 표기하고 있다. 중국이나 일본에서도 Astrology를 점성학 또는 점성술로 표기하고 있다. 필자도 처음에는 천문학이라고 배웠지만 사전적 표기가 바뀌지 않는 한 점성학 또는 점성술로 표기하는 것이 맞는다고 생각한다(개인적으로 점성학 용어를 사용한다).

천문학은 지구를 제외한 행성들을 관측하는 과학의 학문이며 점성학은 태양계 행성들이 지구에 어떠한 영향을 미치는가를 연구하는 학문이며 과학 영역의 학문은 아니다.

현대 점성학이란?

점성학은 크게 고전 점성학과 현대 점성학으로 나뉘는데 고전 점성학과 현대 점성학의 가장 큰 차이점은 관점이다.

고전 점성학은 운명론적이며 예언적 성향이 강하다면 현대 점성학은 에너지의 인식과 사용(Awareness and how to use)을 중요하게 본다. 현대 점성학은 내담자의 에너지를 판단(Judge)하기보다는 어떻게 긍정적으로 사용할 것인가에 초점을 맞추고 있다.

또한 현대 점성학에서는 자유의지(Free Will)를 매우 중요하게 고려한다. 개인의 인생은 본인의 자유의지에 따라 달라진다는 견해이다. 그래서 현대 점성학자는 내담자의 자유의지를 간섭하는 말과 행동을 조심해야 한다.

만일 내담자에게 "내년에 무조건 잘된다" 또는 "내년에 무조건 안 된다"라고 하면 그 내담자는 내년에 아무 노력도 하지 않을 수 있다. '좋다, 나쁘다'라는 관점은 내담자의 차트 에너지를 내가 임의로 판단하는 것이며 개인의 자유의지를 간섭할 수 있다.

어떠한 학문을 시작할 때 그 학문을 바라보는 관점은 매우 중요하다.

어떠한 점성학을 선택할지는 본인의 취향이다. 자신에게 맞는 점성학을 선택하여 공부하는 것이 바람직하다.

현대 점성학 공부

취미로 접근하기에는 어려운 학문이며 차트를 이해하고 해석하기까지 꽤 오랜 시간과 노력이 필요하다. 암기해야 할 내용도 많고 다양한 이론과 견해들이 있다. 현대 점성학 공부는 새로운 언어를 배운다는 생각으로 접근하는 것이 좋다.

팁으로 점성학 실력을 키우고 싶다면 이해가 가지 않더라도 매일 차트를 보는 것을 추천하며 타인의 차트를 연구하는 것보다 자기 차트를 먼저 연구하는 것이 바람직하다.

현대 점성학의 이해

태양 사인 점성학 책을 들고 다니면서 사람들을 만날 때마다 생일을 물어보는 지인이 있었다. 그는 '당신과 생일이 같은 유명한 사람은 누구이다'라든가 '당신의 인생과 운명은 이렇다'라는 등의 말을 거리낌 없이 하고 다녔다.

필자는 점성학 공부를 하게 된 뒤 그 지인에게 충고했다. 태양 사인 정보만으로 타인을 함부로 판단하고 말하지 말아야 하며 남의 인생에 대해 충분한 공부 없이 말하는 것은 말로 업보를 지는 것이라고.

태양 사인 하나로 사람을 판단하는 말들을 블로그, 카페, 유튜브 등에서 쉽게 듣고 볼 수 있다. 취미나 재미로 점성학을 접하는 분들이야 그럴 수도 있지만 전문적으로 공부했다는 사람들 중에서도 사인 중심으로 점성학 해석을 하는 사람들이 있다. 서적 또한 사인 중심의 서적이 많다.

사인은 점성학에서 가장 기초적인 요소이다. 같은 양자리 사인이더라도 개인이 어떻게 인식하고 사용하는가에 따라 다르게 발현되며 어떤 하우스에 위치하는가에 따라 또는 어떤 행성과 각을 맺었는가에 따라 다르게 나타난다.

필자는 학생들에게 사인 하나만으로 절대 판단하지 말라고 한다. 즉, "사자자리라서 이렇다. 전갈자리라서 저렇다"라는 식의 점성학 해석은 하지 말아야 한다는 것이다.

점성학을 심도 있게 공부한다면 사인 점성학이 얼마나 위험한 것인지 알 수 있다.

차트를 해석할 때도 '좋다, 나쁘다'식으로 해석하는 것은 현대 점성학의 관점이 아니다.

예로 태양(☉) 사인이 황소자리(♉)이고 화성(♂) 사인이 물고기자리(♓)이며 화성이 해왕성과 사각(♂□♆)을 이룬 개인을 '좋다, 나쁘다'로 판단한다면 이 개인을 운동선수라고 생각하기가 쉽지 않을 수 있다. 왜냐하면 황소자리는 느긋하고 움직이기 싫어하는 성향이 있는 데다 화성이 물고기자리이며 해왕성과 사각을 이루고 있는 것은 에너지 레벨이 낮고 활력도 없으며 경쟁심도 없는 특성을 보일 수 있기 때문이다.

그러나 황소자리의 꾸준함과 인내심을 발휘하고 화성의 에너지를 창의적이고 예술적으로 사용하며 팀을 위해 희생한다면 훌륭한 운동선수가 될 수도 있다. 이 개인이 어떻게 에너지를 인식하고 사용하는지는 상담을 하기 전에는 알 수 없기에 함부로 이렇다 저렇다 판단하는 것은 위험하다. 이 에너지의 주인은 영국의 축구 스타 데이비드 베컴이다.

현대 점성학의 관점은 유연하고 다양하다. 이럴 수도 저럴 수도 있고 같은 사인과 각도라도 개인마다 인식하고 발현하는 방식이 다를 수 있다는 관점이다.

카리스마 있고 지도력과 행동력이 있는 개인이 그 에너지를 어떻게 인식하고 사용하는가에 따라 인생이 달라질 수 있다. 만일 세계 평화를 위해 사용한다면 세계적으로 존경받고 노벨 평화상 수상자가 될 수 있지만 자신의 야욕과 야망을 위해 사용한다면 무서운 폭군이 될 수도 있다.

필자도 처음 현대 점성학을 공부할 때 '좋다, 나쁘다'의 이분법으로 판단하려는 생각을 가지고 있었으며 정확한 답을 알고 싶어 하였다. 그러나 공부를 할수록 이러한 생각과 관점으로 차트를 볼 때 벽에 부딪치고 이해가 가지 않는 경우들을 많이 접하게 되었다.

브라이언 선생님과 공부를 하면서 관점을 바꾸고 '에너지를 어떻게 사용할 것인가'에 집중하면서 차트를 보기 시작하자 풀리지 않던 궁금증들이 해소되기 시작했다.

모든 공부가 그렇듯이 어떠한 관점과 태도를 가지고 시작하는지는 매우 중요하다.

현대 점성학 상담 시 주의해야 할 사항

① 현대 점성학자라면 타인, 즉 제삼자의 차트를 해석해 주는 것은 금기시해야 한다

필자는 가족이 아닌 제삼자의 상담은 하지 않는다. 즉, 여자 친구, 남자 친구 등 가족이 아닌 사람들은 그들의 동의가 없으면 절대 상담하지 않는다.

제삼자의 차트를 상담하지 않는 이유는 내담자가 나의 상담을 듣고 제삼자에게 해가 되는 말과 행동을 할 수도 있고 그들의 관계에 간섭을 할 수 있기 때문이다.

② 내담자와 상담 시 다른 학문과 섞어서 상담하지 말아야 한다

예를 들어 현대 점성학 상담을 하면서 타로 카드 상담을 동시에 진행하는 것은 바람직하지 않다. 만일 다른 학문을 사용한다면 현대 점성학 상담 전후에 하는

것이 바람직하다.

③ 어떠한 하우스 시스템을 사용하든지 하나만 사용해야 한다

자기 차트는 플래시더스를 사용하고, 내담자 차트는 홀 사인 하우스 시스템을 사용하는 등의 방식은 취하지 말아야 한다.

④ 근거가 없는 말은 삼가야 한다

혹자는 '뒤 사인의 사람은 앞 사인 사람에게 전생에 빚을 졌기 때문에 잘해준다'는 말을 하곤 한다. 즉, 처녀자리 사인 이성은 사자자리 이성에게 전생에 빚을 져서 잘해준다는 말인데 이러한 내용은 근거도 없고 해외 점성학자들에게 물어봐도 처음 듣는 소리라고 한다.

다른 예로 '프로그레스드 테크닉을 볼 때 Vx(벌텍스)가 8번째 하우스에 진입하면 아프거나 병이 걸린다'라는 말도 들어 보았는데 이 또한 이론적 근거가 없는 말이다. 다시 한 번 강조하지만 상상력과 창의력은 타당한 근거와 이론에 기반되어야 한다.

⑤ 질병이나 죽음에 관한 상담은 금기시해야 한다

질병과 죽음에 관한 상담은 내담자에게 굉장한 공포감과 두려움을 줄 수 있다. 그리고 그러한 일들이 일어난다고 알 수도 없다.

⑥ 생년월일, 생시, 태어난 지역의 정보가 확실하지 않을 경우 상담을 하지 않는 것이 바람직하다

현대 점성학의 경우 태어난 시간이 중요하다. 시간을 모를 경우 하우스(특히 4개의 앵글)와 달의 사인, 하우스 위치, 각도의 정보를 정확히 알 수 없다. 어센던트(Ascendant)는 약 2분에 1°, 미드헤븐(Midheaven)은 약 4분에 1°씩 움직인다. 물론 솔라 아크 다이렉션(Solar Arc Direction) 등의 기법으로 태어난 시간을 추정할 수

는 있지만 이 또한 가정일 뿐이다.

참고로 시간을 모를 경우에는 보통 오후 12시로 가정하여 차트를 생성한다.

이 책을 출판하기까지 도움을 준 브라이언 클라크(Brian Clark), 프랭크 클리포드(Frank Clifford), 송서율, 최종윤, 안현정 님에게 감사하다.

2020년 3월

이종혁

목차

머리말 … 5

일러두기

이 책은 현대 점성학 이론서이다. 현대 점성학을 공부하는 분들에게 기초적이면서 중요하게 생각되는 이론을 기술하고자 노력하였다.

이 책에서 기술하는 생년월일은 양력이며 한글로 기술하기 힘든 용어는 영어 원문으로 표기하였다. 추천하는 점성학 프로그램은 아스트로 골드(Astro Gold) 앱과 솔라 파이어 9(Solar fire 9) 프로그램이다.

Part 1.

원소와 모드

4개의 원소와 3개의 모드는 차트 해석에서 가장 기본이 되는 요소이며 전체적 개인의 성향을 알 수 있다. 마치 그림을 그릴 때 첫 스케치를 하는 것이라고 볼 수 있다.

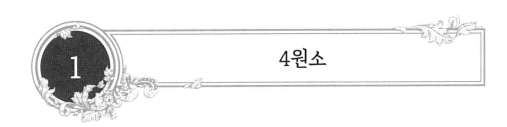

1

4원소

1) 불(Fire): ♈(양자리, Aries), ♌(사자자리, Leo), ♐(사수자리, Sagittarius)

- 진취적으로 자신의 활력과 자신감을 표현, 생기와 에너지, 직관력, 영감과 자극에 의하여 동기를 부여 받음
- 키워드: 열정적, 따뜻함, 활동적, 활기참, 시작하는, 즉흥적, 자기표현, 자기 과시, 외향적, 긍정적, 리더십, 통찰력, 창의력, 독립적, 개인적, 미래 지향적 등

(1) 불 원소가 많을 경우

자만심, 급한 성향, 참을성 없음, 너무 많은 위험을 감수, 불안정, 과시욕, 현실성 없음, 계획성 없음, 무모함 등의 특징이 나타난다.

(2) 불 원소가 적을 경우

인생에 대한 믿음 부족, 낮은 자존감, 운동성 부족, 소화력·활력 저하, 낮은 면역력, 자신감과 도전 정신 부족 등의 특징이 나타난다.

활동적이고 자신감 있는 사람들과의 교류, 매운 음식, 불을 연상할 수 있는 색깔의 옷, 스포츠 활동 등으로 부족한 불의 에너지를 보충할 수도 있다.

(3) 불 원소는 우울한 분위기나 부정적인 환경을 싫어한다. 이와 같은 분위기와 환경에 오래 노출되어 있으면 굉장히 어려워하거나 위험해질 수 있다.

2) 흙(Earth): ♉(황소자리, Taurus), ♍(처녀자리, Virgo), ♑(염소자리, Capricorn)

- 물질 세계를 다루는 현실적인 능력과 방식, 감각적 기능, 물질적 안정성에 동기를 부여 받음
- 키워드: 물질세계를 이해하는 능력, 오감의 발달, 육체적 감각의 발달, 현실성, 인내심, 조심성, 끈기, 자기 훈련과 자제심, 보수성, 계획성, 지속성, 일관성, 실용성, 전통성 등

(1) 흙 원소가 많을 경우

변화를 거부, 물질 만능주의, 구습·관습에 묶여 있음, 주변 환경을 통제하려는 욕구, 과거를 놓지 못함 등의 특징이 나타난다.

(2) 흙 원소가 적을 경우

일관성과 관습의 부재, 오감의 인식 부족, 현실성 없음, 물질세계와 동떨어짐, 적절치 못한 식습관, 규칙적이지 못한 수면 시간 등의 특징이 나타난다.

규칙적이고 현실적인 사람들과의 교류, 채소 및 과일 등의 섭취, 녹색, 황토색 등의 옷, 자연 친화적 활동으로 부족한 흙 에너지를 보충할 수도 있다.

(3) 흙 원소는 불안정한 환경과 상황을 싫어하며 비현실적이거나 비생산적인 일 또는 사람들과의 관계를 힘들어하는 경향이 있다.

3) 공기(Air): ♊(쌍둥이자리, Gemini), ♎(천칭자리, Libra), ♒(물병자리, Aquarius)

- 지각하고 인지하고 표현하는 능력, 생각과 지식을 공유하고 연결하려는 욕구, 지적 자극에 동기를 부여받는다.
- 키워드: 합리적인 추리, 객관적인 시야, 이해하고 표현하려는 열망, 사람과의 관계와 사회성에 대한 욕구, 개념과 원리에 대한 이해, 객관성, 다양성, 호기심, 이성적, 공평함, 재치 있음, 이론적임, 냉담함, 분리와 연결, 다재다능 등의 특성을 나타낸다.

(1) 공기 원소가 많을 경우

　　지적 능력에만 의존, 감정을 배제, 타인의 감정을 이해 못함, 불안 초조, 냉담함, 안정감의 부재 등의 특징이 나타난다.

(2) 공기 원소가 적을 경우

　　타인과 분리되기 힘듦, 감정 조절의 문제, 의존적임, 감정의 경계가 없음, 비이성적임, 불안정한 감정과 기분에 휩싸임 등의 특징이 나타난다.

　　지적이고 이성적인 사람들과의 교류, 소화가 잘되거나 가벼운 음식, 하늘색 계열의 옷, 사회적인 교류 및 단체 활동 등으로 부족한 공기의 에너지를 보충할 수도 있다.

(3) 공기 원소는 융통성이 없고 독립적이지 못한 환경에 힘들어한다. 감정적 유대 관계를 원하는 사람들을 불편해한다. 자신만의 공간과 시간을 확보하는 것을 좋아한다.

4) 물(Water): ♋(게자리, Cancer), ♏(전갈자리, Scorpio), ♓(물고기자리, Pisces)

- 깊은 정서, 동정심 그리고 느낌(감정)에 따른 반응, 깊은 감정적 교감에 동기를 부여받음
- 키워드: 분위기에 민감, 직감 발달, 영적 능력, 심령에 대한 민감성, 사생활의 비밀스러움, 정서적 교감의 열망, 의사 결정이 느낌에 의존됨, 감정적 안정감을 추구함, 방어적, 동정심, 예민한, 의존적, 공생적 등

(1) 물 원소가 많을 경우

인생이 자신의 감정에 의해 좌지우지됨, 이성적인 판단이 흐림, 자신을 희생하려 함, 자신의 자아를 잃어버림, 지속적으로 타인과 하나가 되려 함, 경계가 없음 등의 특징이 나타난다.

(2) 물 원소가 적을 경우

타인의 감정을 이해하려 하지 않음, 차가움, 섬세하지 않음, 감정을 회피하려 함, 친밀한 관계를 거부함, 건조한 성격, 감정을 이성화하려 함 등의 특성을 나타낸다.

창의적이고 감성적인 사람들과의 교류, 해산물 및 해조류 등의 음식, 물의 색깔을 연상시킬 수 있는 옷, 자선 활동, 예술적 활동 및 취미로 부족한 물의 에너지를 보충할 수도 있다.

(3) 물 원소는 감정적으로 불안한 환경에 민감하다. 감정적 안정감을 우선시하며 감정적 교류를 원한다. 너무 이성적이고 현실적인 사람들과의 관계를 불편해한다.

3개의 모드(Mode)

1) 카디널(Cardinal): 자발성, 활동성, 진취성

(1) 양자리(Aries), 게자리(Cancer), 천칭자리(Libra), 염소자리(Capricorn)

(2) 새로 시작하거나 앞장서서 이끌어 나가려는 충동과 의지력으로 성취하려는 열망이 강하다. 자신의 관심과 에너지를 다른 곳으로 돌리는 것을 싫어하며 모든 에너지를 하고 있는 일에 쏟아 넣는다.

(3) 주요한 프로젝트에 참여하는 것을 좋아하며 해야 할 일은 무슨 일이든 잘 맡아 한다.

(4) 카디널 에너지가 부족하면 행동력이 약하고 자기의 생각이나 위치를 고수하며 앞으로 나아가려고 하지 않는다. 생각과 말만 많고 행동이 따르지 않는 사람일 수 있다.

2) 픽스드(Fixed): 안정성, 지속성, 효율성

(1) 황소자리(Taurus), 사자자리(Leo), 전갈자리(Scorpio), 물병자리(Aquarius)

(2) 이미 시작된 일을 유지하거나 그 위에 무언가를 더 쌓거나 이미 있는 조직을 더 효율적으로 만드는 것에 관심이 있다. 하고 있는 일에 확신이 있고 상황을

지배하려는 욕구가 강하여 종속적인 역할에는 만족하지 못한다.

(3) 고집이 세고 자기 습관이나 견해를 잘 바꾸지 않는다. 조심성이 많고 시간, 재능, 에너지를 낭비하는 것을 싫어한다.

(4) 픽스드 에너지가 부족하면 자기 자신의 기반을 단단하게 하기 힘들며 자주 위치가 바뀔 수 있다. 지속성과 인내심을 길러야 하며 잦은 변화를 주의해야 한다.

3) 뮤터블(Mutable): 유연성, 융통성, 다양성

(1) 쌍둥이자리(Gemini), 처녀자리(Virgo), 사수자리(Sagittarius), 물고기자리(Pisces)

(2) 다양성과 변화를 좋아하며 새로운 상황으로의 변화를 갈망하는 경향이 있다. 쉽게 싫증을 낼 수 있고 이런 성향으로 정서적 안정이 흔들릴 수 있다. 유연하고 상황에 잘 대처한다. 타인과 조화를 이루려는 욕구로 인해 자기 재능을 마음껏 발휘 못 할 수 있다.

(3) 뮤터블 에너지가 부족하면 너무 경직되고 너무 직설적인 견해로 좋은 결과를 내기 어려울 수 있다. 유연성과 적응력을 길러야 한다.

CHECK POINT

종종 부족한 원소, 모드 에너지를 과하게 표현할 수도 있다. 예로 불 원소와 카디널(Cardinal) 에너지가 부족한 사람이 매우 급하고 공격적으로 행동하거나 자신의 생각과 표현을 과장되게 표현할 수도 있다.

예 잔 다르크: 불 원소 부족
헬렌 켈러: 공기 원소 부족
미켈란젤로: 흙 원소 부족

3 원소와 모드를 이용한 차트 해석

1) 원소와 모드는 차트의 전반적이고 기본적인 이해에 매우 도움이 된다. 그러나 차트에서 원소와 모드가 골고루 분포되어 있다면 다음 단계로 넘어가도록 한다.

2) 원소와 모드를 각각 해석하는 점성학자가 있고 원소와 모드를 같이 통합하여 해석하는 점성학자가 있다. 필자는 원소와 모드를 통합하여 해석한다. 예로 불 (Fire) 사인이 많고 픽스드(Fixed) 모드가 많다면 '불의 에너지를 집중적으로 한 곳에 사용할 수 있다'라고 해석하거나 물(Water) 사인이 많고 카디널(Cardinal) 모드가 많으면 '감정을 적극적으로 표현할 수도 있다' 등으로 해석한다.
어떤 해석 방법이 '좋다, 나쁘다' 또는 '옳다, 그르다'라고 할 수 없다. 자신만의 방법을 찾는 것을 추천한다.

행성과 앵글의 배점

열한 개의 행성, 어센던트(Ascendant)와 미디엄 코엘리(medium coeli)의 원소와 모드를 고려하여 전체적인 차트의 원소와 모드를 계산한다. 다음의 환산표를 가지고 계산하면 된다.

<환산표>

태양, 달(☉, ☽)	10점
수성, 비너스, 화성(☿, ♀, ♂)	8점
목성(♃)	2점
토성, 카이런(♄, ⚷)	1점
천왕성, 해왕성, 명왕성(♅, ♆, ♇)	0점
어센던트(A.S)	7점
미디엄 코엘리(M.C)	5점

내행성들(태양, 달, 수성, 금성, 화성)과 어센던트(Ascendant), 미디엄 코엘리(medium coeli)는 개인적 행성과 포인트이기 때문에 점수를 높게 책정했다. 여기에 사회적인 행성인 목성, 토성과 카이런까지 고려한다. 천왕성부터 명왕성까지는 전체적인 행성(외행성)이기 때문에 제외한 것이다(카이런을 제외하는 경우도 있음).

위의 점수 배정의 기준은 점성학자들마다 다를 수 있다.

예

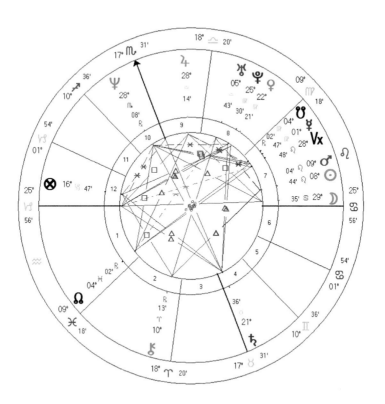

태양: 사자자리(불, 픽스드)

달: 게 자리(물, 카디널)

수성: 처녀자리(흙, 뮤터블)

금성: 처녀자리(흙, 뮤터블)

화성: 사자자리(불, 픽스드)

목성: 천칭자리(공기, 카디널)

토성: 황소자리(흙, 픽스드)

카이런: 양자리(불, 카디널)

어센던트(A.S): 염소자리(흙, 카디널)

미디엄 코엘리(M.C): 전갈자리(물, 픽스드)

원소	불(Fire)	흙(Earth)	공기(Air)	물(Water)
행성	태양(10)	수성(8)	목성(2)	달(10)
	화성(8)	금성(8)		미디엄 코엘리(5)
	카이런(1)	토성(1)		
		어센던트(7)		
점수	19	24	2	15

[불(Fire): 19, 흙(Earth): 24, 공기(Air): 2, 물(Water): 15]이므로 이 경우 공기 원소가 나머지 원소보다 부족하다. 그러므로 부족한 원소 에너지를 생각하여 이를 보충해야 한다.

모드	카디널(Cardinal)	픽스드(Fixed)	뮤터블(Mutable)
행성	달(10)	태양(10)	수성(8)
	목성(2)	화성(8)	금성(8)
	카이런(1)	토성(1)	
	어센던트(7)	미디엄 코엘리(5)	
점수	20	24	16

[카디널(Cardinal): 20, 픽스드(Fixed): 24, 뮤터블(Mutable): 16]이다. 뮤터블(Mutable)이 다른 2개의 모드보다 상대적으로 점수가 낮으므로 유연함, 다양성 또는 변화를 받아들이는 자세 등을 발전시켜야 한다.

Part 2.

12 사인(12 Signs)

다음은 12사인을 모아 놓은 그림이다. 양자리부터 시계 반대 방향으로 각각의 사인에 대해 알아 보자.

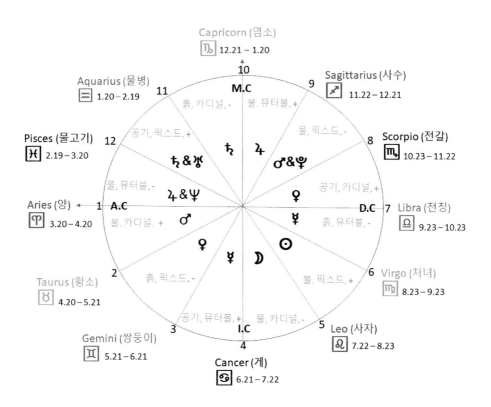

양자리(Aries)

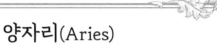

: 나, 자신(I am)

원소	불(Fire)	날짜	3월 20일~4월 20일
기질	카디널(Cardinal)	색상	빨강
극성	양(+)	스톤	자수정, 블러드 스톤
기호	♈	금속	철
지배 행성	화성(Mars)	하우스	1st
키워드	열정적, 진취적, 적극적, 직선적, 즉흥적, 충동적, 독립적, 자기중심적, 선구자, 경쟁, 용기, 모험, 행동력, 기업가 정신, 리더십 등	신체	머리(Head)
긍정적 표현	용기, 활력, 동기 부여, 단호함, 리더십 등		
부정적 표현	성급함, 고집 센, 이기적, 거친, 폭력적, 상스러움 등		

양자리는 활력과 생명력이 넘치는 매우 역동적인 사인이다. 자기주장을 강하게 표현하며 원하는 것을 바로 쟁취하려는 기질이 강하다. 도전과 경쟁을 즐기며 지루한 것을 매우 싫어한다. 양자리 사인은 타인과 경쟁에서 지는 것을 싫어하며 경쟁을 통해서 자신의 에너지를 발전시킨다. 만일 양자리 사인의 성격이 강한 어린이라면 성적을 올리기 위해 친구들과 선의의 경쟁심을 자극하는 것도 좋은 방법일 수 있다.

매우 독립적이고 개인적인 성향이 강하여 타인과 협업 또는 타협 등이 어려울 수 있다. 양자리 사인의 입장에서는 양보하거나 타협하는 것은 자신이 패배하는 것이라고 생각하기 때문이다. 리더의 자질을 갖고 있어 뒤에서 지시하는 것보다 자기가 일선에 나서서 사람들을 이끄는 것을 좋아한다. 종종 친구들과 길을 걸을 때 자신이 앞장서서 걸어가는 모습도 볼 수 있다.

직선적이며 자기중심적인 양자리 사인은 매우 솔직하며 뒤끝이 없다. 마치 어린아이들과 같은 순수한 모습을 갖고 있다. 성질이 급하거나 화를 참지 못하는 경향이 있지만 쉽게 용서하거나 빨리 잊어버리는 경향도 있다.

다른 불 사인들과 마찬가지로 부정적이거나 우울한 사람들 또는 그러한 환경에 오래 노출되는 것을 싫어한다. 양자리 사인은 긍정적이고 도전적인 사람들 또는 환경에서 발전한다.

양자리 사인 성향이 강한 사람들은 목표가 크고 원대하다. 작은 일과 사업에는 관심이 없다. 자신의 의지 역시 매우 강해서 원하는 것을 꼭 이루려고 한다. 그러나 너무 큰 목표와 강한 자기주장 때문에 많은 위험을 감수하거나 타인의 조언을 듣지 않을 수 있으므로 이 점을 유의해야 할 필요가 있다.

양자리 사인이 성숙되면 타인들에게 용기와 긍정의 에너지를 전파하며 자신의 자유와 독립이 중요한 만큼 타인의 자유와 독립성을 인정하면서 자신의 의지를 관철하는 정열적인 선구자나 리더도 될 수 있다.

행성이 양자리 사인이라면 그 행성의 에너지를 적극적으로 사용해야 한다. 그 행성의 에너지가 원하는 것을 위하여 선의의 경쟁이 필요할 수 있으며 에너지를 직접적으로 표현하고 집중적으로 사용하는 것이 바람직하다.

양자리 사인은 관계에서 자신이 우선이다. 관계를 적극적으로 급하게 시작할 수 있으나 오래 지속 못 하는 경우가 많다. 이들은 매우 열정적이며 관계를 유지하는 동인에는 그 사람에게만 집중한다. 즐겁고 열정적이며 활동적인 관계일 수 있다. 그러나 파트너에 대한 이해심, 배려심 등을 기대하기는 힘들며 타협하기 힘들 수 있다. 양자리 사인은 관계를 맺는 동안에도 자신의 자유를 매우 원한다. 자신을 구속하거나 통제하려는 상대와는 큰 마찰을 빚을 수 있다.

황소자리(Taurus)

: 나는 소유한다(I possess)

원소	흙(Earth)	날짜	4월 20일~5월 21일
기질	픽스드(Fixed)	색상	인디고, 핑크
극성	음(-)	스톤	에메랄드, 사파이어
기호	♉	금속	구리
지배 행성	금성(Venus)	하우스	2nd
키워드	심사숙고, 인내심, 안정감, 차분한, 현실적인, 조심성, 꾸준함, 조직적인, 실용적인, 오감이 발달한, 평화적, 창의적, 예술적인 등	신체	목과 성대(Neck and Throat)
긍정적 표현	지속성, 믿을 만한, 감각적인, 실용적인, 현실성 있는, 꼼꼼함, 인내심 등		
부정적 표현	고집스러운, 상상력이 부족한, 탐욕, 방종, 게으름, 물질만능주의 등		

황소자리는 실용적이고 현실적이며 오감이 발달된 사인이다. 이들은 안정된 환경을 선호하며 급작스러운 변화를 싫어한다. 이들은 물질세계와 연결되어 있고 소유물(돈)의 중요성을 잘 이해한다.

인내심이 많으며 꾸준하고 실용적이며 현실적인 성향의 황소자리는 자신이 선택한 분야에서 성과를 낼 수 있다. 그러나 고집을 버리지 못하거나 융통성이 부족하여 새로운 변화에 대처하지 못 한 채 뒤처질 수도 있다.

평화를 사랑하고 화를 잘 내지 않지만 한 번 화를 내면 다른 어떤 사인보다 무섭게 변할 수도 있다.

황소자리는 오감이 발달되어 있다. 이들은 아름다운 자연환경 또는 자신을 편안하게 해주는 환경에서 살기를 원한다. 가구점에 가도 소파나 침대에 관심이 많을 수 있으며 주변의 맛집들을 잘 알고 있을 수 있다. 이들은 아름다운 환경에서 감미로운 음악을 들으며 맛있는 음식을 먹는 삶을 꿈꾼다.

황소자리는 예술적인 기질과 창의력이 있다. 목소리가 좋거나 미적 감각이 뛰어나서 가수나 연기자, 패션, 뷰티 산업 쪽의 일을 선호하는 경향이 있다.

황소자리는 물질적인 요소(돈, 소유물)가 자신의 안정감에 매우 중요한 요소이다. 소유물 또는 돈이 자신의 자존감에 직접적으로 영향을 줄 수 있다. 만일 은행의 잔고가 평소보다 부족하게 되면 초조 불안해질 수 있다.

황소자리 사인 성향이 강한 사람은 방종, 탐욕, 탐식, 게으름 등을 조심해야 한다. 물질 만능주의나 자신이 소유한 것을 버리지 못하고 집착하는 것을 조심해야 한다.

황소자리는 모든 방면에서 확실하기를 원한다. 변화가 많고 불안정한 환경에서 스트레스를 받는다. 이들은 미래도 확실하고 예측 가능하기를 원한다. 이런 이유로 위험을 감수하고 도전하는 일에 부정적이거나 저항할 수 있다. 이들에게 미래는 불확실한 것이 당연하다는 생각이 필요하다.

행성이 황소자리 사인이라면 그 행성의 에너지를 현실적이고 생산적으로 사용하는 것이 좋다. 그 행성의 진정한 가치를 인식하고 행성의 에너지를 급하게 쓰는 것보다는 시간을 가지고 차분하게 사용하는 것이 바람직하다.

황소자리는 관계에서 편안함을 주고 매우 헌신적일 수 있다. 오감을 만족시키며 인간 세상의 즐거움을 공유하기 좋은 상대이다. 그러나 황소자리는 누군가와 관계를 맺을 때 시간이 걸리며 조심스럽다. 또한 급진적이고 충동적인 사람들과의 관계를 힘들어하기도 한다. 관계에서 지루함, 답답함 그리고 고집스러운 면은 조심해야 한다.

쌍둥이자리(The Twins)

: 나는 생각한다(I think)

원소	공기(Air)	날짜	5월 21일~6월 21일
기질	뮤터블(Mutable)	색상	노란색
극성	양(+)	스톤	녹주석, 아쿠아마린
기호	Ⅱ	금속	수은
지배 행성	수성(Mercury)	하우스	3rd
키워드	다재다능, 타인과 소통을 잘함, 이성적, 기민함, 지적, 민첩함, 손재주, 언어 능력, 논리적인 사고, 사회적 등	신체	양팔(Arms), 양손(Hands), 허파(Lungs)
긍정적 표현	사회적, 수용적, 다양함, 두뇌 회전이 빠름, 총명함, 쓰고 말하는 능력, 언어 능력 등		
부정적 표현	경박함, 예측 불가능함, 불성실함, 얄팍함, 천박함, 일관성 없음 등		

　쌍둥이자리 사인은 자신의 현실 세계를 이해하기 위하여 세상과 소통하려는 에너지이다. 핵심을 쉽게 간파하며 이해력도 매우 빠르다. 움직이는 공기 사인답게 변화무쌍하며 위트가 넘친다. 지적 자극을 추구하며 세상 모든 일을 궁금해한다. 많은 사람들과의 소통을 통해 지식과 생각들을 교환하고 배우기를 원하는 에너지이다.

　쌍둥이자리들은 움직임이 민첩하며 멀티플레이가 가능하다. 마치 주부가 아이를 보며 다림질을 하면서 전화하는 모습과 같다. 이들은 공부를 할 때도 여러 가지 책들을 펴 놓고 하거나 책의 앞부분, 뒷부분을 왔다 갔다 하면서 공부한다.

이들은 손재주도 좋고 흉내도 잘 낸다. 상업에도 소질이 있다. 지적 자극과 호기심을 불러일으키는 사람들과의 교류를 좋아하며 다양한 분야의 사람들을 만나기를 원한다. 많은 사람들과 교류를 원하지만 감정적으로 연결되는 것은 좋아하지 않는다.

쉽게 싫증 내며 한곳에 집중하기 어려울 수 있고 얇고 넓은 지식을 가지고 있을 수 있다. 자신에게 유리하도록 사실을 왜곡하거나 타인을 기만할 수도 있다.

행성이 쌍둥이자리 사인이라면 그 행성의 에너지를 다양하게 표현하는 것이 바람직하다. 타인과 교류를 통하여 자신의 에너지를 발전시킬 수 있으며 모든 가능성에 대해 열린 자세가 필요하다. 이 행성은 다양한 경험과 자극을 원한다.

쌍둥이자리는 관계가 매우 중요하다. 이들은 친밀하고 깊은 감정을 교류하는 관계보다는 동등하고 친구 같은 관계를 선호한다. 다양한 사람들과 관계를 맺고 싶어하며 특히 어릴 적 친구, 형제자매와의 관계가 매우 중요하다.

이들은 호기심으로 관계를 시작하는 경우가 많다. 즐겁고 재미있는 파트너일 수 있다. 하지만 감정적으로는 차가워서 타인의 감정을 잘 이해하지 못하기도 하고 산만하며 헌신을 기대하기 어려울 수 있고 항상 어린이 같을 수 있다(피터팬 증후군).

게자리(Cancer)

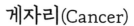

: 나는 느낀다(I feel)

원소	물(Water)	날짜	6월 21일~7월 22일
기질	카디널(Cardinal)	색상	보라색, 밝은 청색
극성	음(-)	스톤	문스톤, 진주
기호	♋	금속	은
지배 행성	달(Moon)	하우스	4th
키워드	감정적, 감성적, 수용적, 집요함, 배려함, 보살핌, 친밀함, 양육함, 현명함, 섬세함, 수줍음, 방어적, 직감, 애국심, 의존적 등	신체	가슴(Breast), 위(Stomach)
긍정적 표현	세심함, 섬세함, 이해심, 보살핌, 상상력이 풍부함, 지원함, 감정적 공감 능력 등		
부정적 표현	기분 변화가 심함, 은폐함, 신경과민, 방어적, 과거에 집착, 의존적 등		

게자리 사인은 감정적 안정감이 매우 중요하다. 감정적으로 안정된 환경에서 자신의 능력을 잘 발휘한다. 환경이 불안하거나 혼란스러우면 매우 예민해지고 불안해진다.

양육하고 돌봐 주는 어머니와 같은 사인이며 가족이 매우 중요하다. 직장 또는 자동차 안에 가족사진이 있는 것을 쉽게 볼 수 있으며 가족과 함께 보내는 시간을 매우 중요시한다.

이들은 감정적으로 반응하는 경향이 강하며 감정적 기억력이 매우 뛰어나다. 감수성이 풍부하고 예민하며 직감이 좋다. 소심하고 방어적이지만 매우 현명하고 이해심이 많으며 타인의 감정도 잘 이해해주며 이야기도 잘 들어준다.

이들은 과거의 감정적 기억을 소중히 여긴다. 어릴 적 사진이나 물건들을 소중히 간직하는 경우가 많다. 그러나 과거의 안 좋은 기억까지도 놓지 못하여 현재 상황을 방해하는 경우도 생긴다.

어머니 또는 자기를 양육해 준 사람과의 유대감이 매우 중요하며 그들은 다방면으로 인생에 영향을 미칠 수 있다. 조상 또는 부모에게 받은 정신적, 물질적 유산은 자신의 인생에 중요한 요소이며 전통에 대한 애착과 애국심이 강하다.

이들에게 집은 자기만의 안전하고 안락한 장소이다. 자기 집에 다른 사람들이 방문하는 것을 싫어하는 부류와 지인들을 자기 집에 불러서 대접하는 것을 좋아하는 부류로 나뉠 수 있다. 게자리 사인 성향이 강한 사람들이 부동산업 또는 숙박업에 종사하는 것을 볼 수 있다.

행성이 게자리 사인이라면 그 행성의 에너지를 어떻게 지원하고 그 행성 에너지가 필요로 하는 것이 무엇인지를 생각해야 한다. 안전하고 보호받는 환경에서 행성의 에너지를 긍정적으로 사용할 수 있고, 직감과 상상력을 동원해서 표현하는 것이 바람직하다. 예를 들어, 수성이 게자리 사인이면 안정적이고 차분한 환경에서 공부가 잘될 수 있고 자신의 느낌과 직감을 기호, 그림 또는 글로 잘 표현할 수 있다.

게자리 사인은 친근하고 포근한 관계를 원한다. 이는 엄마와 자식같이 친밀하고 보살피는 관계를 의미한다. 그러나 너무 의존적일 수 있고 파트너를 아이처럼 다루거나 자신이 아이처럼 행동할 수 있다. 애완동물과 애착 관계가 매우 강할 수 있다. 이 사인은 식물, 동물들을 돌보고 기르는 것을 좋아한다.

사자자리(Leo)

: 나는 창조한다(I create)

원소	불(Fire)	날짜	7월 22일~8월 23일
기질	픽스드(Fixed)	색상	오렌지, 골드
극성	양(+)	스톤	루비, 다이아몬드
기호	♌	금속	금
지배 행성	태양(Sun)	하우스	5th
키워드	원대함, 관대함, 충성스러움, 창조적, 창의적, 열정적, 충직함, 따스함, 리더십, 극적임 등	신체	심장(Heart), 등(Back)
긍정적 표현	관대함, 자신감 있음, 권위 있음, 따뜻함, 창의적 등		
부정적 표현	자기중심적, 오만함, 권위주의, 관심을 받고 싶어 함, 지배적 등		

사자자리는 자신의 에너지를 창의력을 발휘하여 세상으로부터 박수받기를 원하는 사인이다. 사자자리는 세상에 자신의 존재를 알리고 싶어 하며 세상으로부터 존중과 관심을 받기 원한다. 만일 사자자리 성향이 강한 사람이라면 공부든 일이든 적절한 칭찬과 인정을 받을 때 능력이 더욱더 긍정적으로 발휘될 수 있다.

성숙된 사자자리는 존중, 관심, 박수를 받기 위하여 열심히 노력하지만 미성숙한 사자자리는 허세, 허풍, 주변 인맥 등을 동원하여 자신을 인정받으려고 한다.

이들은 자기주장이 매우 확고하며 표현을 잘한다. 열정적이고 활기차며 사랑을 주고받기를 원한다. 생각이 원대하고 큰 그림을 그리는 것을 좋아하지만 섬세하고 현실적인 면이 부족할 수 있다. 당당하고 활기차며 드라마틱하게 세상을 살며 자신의 인생에 대한 확신이 있는 것이 특징인데, 만일 어깨를 펴지 못하고 우울해하고 집 밖으로 나오지 않는 사자자리라면 매우 위험한 상태이다.

사자자리는 자존심이 매우 강하며 체면을 중시한다. 그래서 다른 사람들이 자신을 어떻게 생각하는지를 중요시하며 타인의 평가에 민감하다.

이들은 자기 사람이라고 생각하는 사람들에게 매우 관대하고 따듯하고 충성스럽다 그러나 자기를 비판하거나 인정하지 않는 사람들에게는 차갑게 대하거나 공격적인 모습을 보인다. 만일 사자자리 에너지를 부정적으로 사용하게 되면 타인을 지배하려 하거나 타인의 생각을 고려하지 않을 수 있으며 거만하고 항상 관심을 받기 원하는 자기중심적인 사람이 될 수 있다.

행성의 사인이 사자자리라면 행성의 에너지를 창의적으로 세상에 발현하여야 한다. 그 행성의 에너지에 대한 확신을 갖고 자신감 있게 사용해야 한다. 에너지의 과 사용과 나르시시즘 성향을 조심해야 한다. 사자자리 사인 행성의 에너지는 세상의 관심과 칭찬을 받을 때 더욱더 긍정적으로 발전할 수 있다.

관계에서 사자자리 사인은 매우 로맨틱하고, 따듯하고, 즐겁고 충직하다. 그러나 파트너에게도 충성을 요구하며 자기에게 관심을 집중하기를 원한다. 종종 파트너를 지배하려고 하거나 컨트롤하려는 성향이 있을 수 있다.

처녀자리(Virgo)

: 나는 분석한다(I analyze)

원소	흙(Earth)	날짜	8월 23일~9월 23일
기질	뮤터블(Mutable)	색상	고동색, 진한 남색
극성	음(-)	스톤	히아신스, 옥
기호	♍	금속	수은
지배 행성	수성(Mercury)	하우스	6th
키워드	안목 있음, 분석적, 조직적, 꼼꼼함, 실질적, 자신을 의지함, 집중력 있음, 부지런함, 자제력이 있음, 겸손함 등	신체	장, 소화기관(Intestine, Digestive track)
긍정적 표현	세심함, 꼼꼼함, 겸손함, 부지런함, 능률적, 현실적, 실용적 등		
부정적 표현	까다로움, 완벽주의자, 복종하는, 신경과민, 큰 그림을 보지 못함, 비밀스러움, 불안함, 초조함 등		

처녀자리는 분석하고 비판하고 식별하여 좀 더 나은 세상을 만들려고 하는 에너지이다. 효율성과 생산성을 중요시하며 섬세하고 꼼꼼하다. 정답보다는 오답을 찾아내는 능력이 뛰어나서 가끔은 너무 까다롭고 비판적인 모습으로 보일 수 있다. 이들은 물이 반이나 남았다는 생각보다는 반밖에 안 남았다는 생각을 한다.

이들은 정리 정돈되고 조용한 환경을 좋아한다. 만일 이들의 환경이 무질서하거나 체계가 없다면 매우 불안해지고 날카로워질 수 있다. 일관된 일상생활을 지향하며 자신의 건강에 대해서도 관심이 매우 많다. 지치고 힘들 때는 혼자만의 시간과 공간이 필요하다.

자신을 의지하고 부지런하며 집중력과 자제력 또한 뛰어나 자신의 분야에서 장인이 되는 경우를 종종 볼 수 있다. 흙 사인 중 하나인 처녀자리는 실용적인 지식을 습득하는 것과 능률적인 사람들과 교류하는 것을 좋아한다. 비현실적이고 비생산적인 지식과 일 또는 사람들과의 교류는 좋아하지 않는다.

봉사는 물고기자리와 처녀자리 성향의 사람들에게서 많이 나타나는데 물고기자리의 봉사는 자신을 희생하고 대가를 바라지 않는 봉사라 하면 처녀자리의 봉사는 자신에게 관계된 사람에 대한 봉사 또는 자신에게도 이득이 되는 봉사를 한다. 그리고 이들은 자신의 봉사에 대한 대가가 있기를 원한다.

처녀자리 사인이 부정적으로 나타나게 되면 매사 비판적이고 까다롭고 완벽주의 성향으로 타인을 불편하게 만들 수 있다. 칭찬에 인색하고 냉정할 수 있다. 항상 긴장되어 있고 불안, 초조함과 편집증 중세를 보일 수 있다.

처녀자리 사인은 완벽을 추구하며 상세하고 논리적이지만 큰 그림을 그리거나 위험을 감수하고 도전하는 성향은 아니다. 실제 처녀자리 성향이 강한 사람들은 일을 추진하고 결정하는 보스나 사장의 역할보다는 일이 성과를 낼 수 있게 만드는 실무자 역할을 하는 경우가 많다.

행성이 처녀자리라면 그 행성의 에너지를 효율적, 능률적, 실제적으로 사용해야 한다. 에너지를 꼼꼼하고 완벽하게 사용하기를 원하기 때문에 충분히 숙련하고 발전시키지 못하면 에너지 사용을 억제하거나 또는 제한하는 경우가 있다.

관계에서 처녀자리 사인은 믿을 수 있고 겸손하며 실용적이고 잘 보살핀다. 같은 취미, 미래, 목표를 공유하기에 좋은 파트너이다. 가끔 처녀자리는 육체적 관계를 꺼린다고 생각하는데 처녀자리 역시 흙 원소이다. 오감이 발달되어 있다. 싫어하는 것이 아니라 시간이 걸리고 방어적일 뿐이다. 피트너에게 비판적이거나 지적질을 많이 할 수 있다.

천칭자리(Libra)

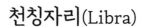

: 나는 균형을 이룬다(I balance)

원소	공기(Air)	날짜	9월 23일~10월 23일
기질	카디널(Cardinal)	색상	파란색, 장미색
극성	양(+)	스톤	오팔, 라피즈 라줄리
기호	♎	금속	구리
지배 행성	금성(Venus)	하우스	7th
키워드	사랑스러움, 조화로움, 사회적, 관계 지향적, 매력적, 세련됨, 우아함, 지적이고 교양 있음, 설득력 있음, 외교 능력, 예술적, 이성적, 균형감 등	신체	콩팥(Kidney), 피부(Skin)
긍정적 표현	공정함, 우아함, 협동적, 평화주의자, 중재자, 상담가, 미적 감각 등		
부정적 표현	우유부단한, 파트너에게 의존적임, 대립적, 과하게 타협함, 한쪽으로 기욺, 게으름, 사기, 기만 등		

천칭자리는 우아함과 아름다움을 중요시하며 균형과 조화를 맞추려고 한다. 사교적이며 친절하며 긍정적이다. 나의 요구와 타인의 요구를 타협하고 균형을 맞추기를 원하며 혼자 있는 것보다 파트너 또는 친구들과 같이 있는 것을 좋아한다.

천칭자리는 혼란스럽거나 다툼이 있는 환경에 노출되어 있으면 스트레스를 많이 받는다. 가끔은 혼란스럽고 다툼이 있는 곳으로 스스로 찾아가 평화롭고 조화로운 환경을 만들기 위해 중재자 역할을 하는 경우도 있다.

아름다움을 보는 감각이 좋아서 패션, 뷰티, 디자인 등에 소질을 보일 수 있다.

자신을 우아하고 아름답게 꾸미는 것에도 관심이 많아 멋쟁이 소리를 자주 듣는다.

이들은 타인을 배려하고 이해하려는 성향이 강하여 타인의 이야기를 잘 들어주고 잘 공감해 주는 좋은 상담가가 될 수 있다.

공기 사인인 천칭자리의 지적이고 이성적이며 논리적 사고 능력은 전략가, 기획자 등의 역할을 할 수 있으며 공평하고 공정한 성향으로 인하여 법에 관련된 일을 하기도 한다. 공정하게 양쪽의 의견을 잘 조율하는 능력이 있어 외교, 중재, 절충 등을 요구하는 일에 적합할 수 있다.

우유부단하거나 타인의 요구에 거절을 하지 못할 수 있으며 파트너에게 집착하거나 의존적일 수 있다. 타인을 너무 의식하여 정당한 자기주장도 못할 수 있다. 게으름, 과소비, 외모지상주의 등은 조심해야 할 필요가 있다.

행성이 천칭자리 사인이라면 그 행성의 에너지를 조화롭고 균형 있게 사용해야 한다. 행성의 에너지를 공정하고 이성적으로 사용해야 하며 한쪽으로 치우치는 것을 경계해야 한다.

천칭자리는 혼자 있는 것을 싫어한다. 공평하고 평등한 관계를 지향한다. 상대의 이야기를 잘 들어주고 이해심 많은 좋은 파트너이다. 이들은 다양한 인간관계를 좋아하며 여러 부류의 사람들과 어울리기를 원한다. 부정적인 대화와 분위기를 싫어하며 감정적인 이해력이 낮을 수 있다. 건강하지 못한 관계에서 벗어나지 못할 수 있으며 파트너에게 너무 의존할 수도 있다.

전갈자리(Scorpio)

: 나는 변형한다(I transform)

원소	물(Water)	날짜	10월 23일~11월 22일
기질	픽스드(Fixed)	색상	검은색, 짙은 빨간색
극성	음(-)	스톤	토파즈, 말라카이트
기호	♏	금속	철
지배 행성	화성(Mars) -전통 명왕성(Pluto) - 현대	하우스	8th
키워드	직관적, 통찰력 있음, 단호함, 죽음과 재생, 힘, 헌신, 신비한, 열정적, 억제하고 조절함, 탐구적, 장인의 기질, 믿을 수 있음, 집중력, 조사 능력 등	신체	장(Bowels), 생식기(Genitals)
긍정적 표현	열정적, 신중함, 예민함, 세심함, 강력함, 영향력 있음, 집중력, 통찰력, 카리스마 등		
부정적 표현	지배적, 비밀스러움, 용서를 잘 안 함, 거만함, 무자비함, 독설, 질투, 집착, 파괴적 등		

전갈자리는 신중하고 생각이 깊으며 감추어진 진실을 알고 싶어 한다. 강한 의지와 열정을 갖고 있으나 겉으로 잘 드러내지는 않는다. 비밀스럽고 신비로우며 카리스마 있는 사람이며 이들의 시야는 흑과 백이며 단호하다.

이들은 숨겨진 진실이 무엇인지 알고 싶어 한다. 타인의 말이나 행동의 이면을 생각하며 숨은 의도를 알고 싶어 한다. 이러한 성향은 심리, 미스터리, 오컬트, 죽음 등과 관련된 직업으로 나타날 수 있다(고고학, 심리학, 법의학, 점성학 등).

관계에서 신뢰와 정직함을 매우 중요하게 생각한다. 이들의 인간관계는 좁고 깊을 수 있다. 이들은 배신의 징후를 잘 감지하며 믿을 만한 사람인지 아닌지를 식별하는 능력도 있다.

전갈자리는 선생님이든 윗사람이든 배우자이든 존경스러워야 그들을 인정하고 따른다. 만일 그들이 존경스럽지 못할 경우에는 힘 싸움을 하거나 무시하는 경향이 있다.

위기 상황에서 냉철해지며 위기 상황을 극복하면서 진정한 자기의 힘을 발견하거나 자신의 변형을 경험하기도 한다.

이들은 사람들의 부정적인 감정이나 감정의 심오한 면을 잘 이해한다. 공감 능력 또한 뛰어나고 치료의 힘이 있어 깊은 정신적, 감정적 상처를 입은 이들에게 훌륭한 상담사 또는 치료사 역할을 할 수 있다.

성숙된 전갈자리는 자신을 컨트롤하고 강한 의지와 집중력을 발휘하여 한 분야에서 큰 업적을 남길 수 있으며 과거와는 전혀 다른 사람으로 재탄생하는 경험을 할 수 있다.

타인을 조종하고 지배하려고 하거나 타인의 힘을 뺏고 기만할 수도 있다. 질투, 분노, 집착 등의 감정에 휩싸일 수 있다. 과거의 트라우마나 배신의 경험 등을 떠나보내지 못하여 현재나 미래에 부정적인 영향을 미칠 수 있다. 힘과 권력을 얻기 위하여 수단과 방법(사기, 폭력, 기만 등)을 가리지 않을 수 있다.

행성이 전갈자리 사인이라면 그 행성의 에너지를 집중하고 컨트롤하여 사용해야 한다. 조사나 탐구 분야에 사용하거나 치유의 힘으로 사용하는 것이 바람직할 수 있다. 행성의 에너지가 의미하는 분야에서 장인이 될 수도 있다.

전갈자리는 깊은 관계를 원하며 열정적이고 헌신적이다. 믿을 수 있고 정직한 파트너일 수 있다. 그러나 그러한 관계까지 기려면 전갈자리가 원하는 정직과 신뢰의 테스트를 거쳐야 한다. 전갈자리는 존중받기를 원하며 자기의 사생활도 중요시한다. 파트너를 컨트롤하고 지배하려고 할 수 있다. 배신을 매우 두려워하여 깊은 관계를 기피하려는 경우도 있다.

사수자리(Sagittarius)

: 나는 탐구한다(I quest)

원소	불(Fire)	날짜	11월 22일~ 12월 21일
기질	뮤터블(Mutable)	색	보라색, 엷은 청색
극성	양(+)	스톤	터키석, 토파즈
기호	↗	금속	양철
지배 행성	목성(Jupiter)	하우스	9th
키워드	낙천적, 열정적, 모험심이 강함, 철학적, 긍정적, 선견지명, 정의로움, 이국적, 확장적, 자유로움, 진리와 진실 탐구, 여행, 교육, 솔직함 등	신체	엉덩이(Hip), 허벅지(Thighs), 간(Liver)
긍정적 표현	매력적, 정직함, 외향적, 현명함, 긍정적, 오픈 마인드, 큰 그림(비전), 고등 교육, 자신에 대한 믿음, 인생의 확신 등		
부정적 표현	독단적, 지배적, 편파적, 현실감 부족, 섬세함 없음, 불확실, 비판적, 비현실적 등		

사수자리 에너지는 세상의 진리와 인생의 의미를 찾기를 원한다. 세상의 진리와 인생의 의미를 찾기 위해 모험과 여행을 떠나 자기와 다른 문화권의 사람들과 교류하여 새로운 경험과 지식을 쌓기를 원한다. 자기 인생에 믿음과 확신이 있으며 교육, 철학, 종교 등을 통하여 발전하고 싶어 한다. 인생의 의미가 매우 중요하며 의미를 잃어버리면 우울해질 수 있다.

넓고 탁 트인 장소를 좋아하며 평생 학생의 기질이 있다. 이들은 항상 '왜(Why)'라는 생각을 하며 이유와 목적을 알기 원한다.

이들은 다른 이들의 의견이나 생각을 받아들이고 수용하는 오픈 마인드의 소유자이다. 자유를 사랑하며 긍정적인 미래를 생각한다. 이들은 위험을 감수하고 더 넓고 먼 곳으로 가기를 원한다. 이들은 미래 지향적이며 비전을 갖고 큰 그림을 그리는 성향이 강하다. 그러나 섬세함, 세세함, 사실, 현실 등을 무시할 수도 있다. 참을성이 부족하고 과장이 심할 수도 있다. 편파적이고 비판적일 수 있으며 타인에게 명령하기를 좋아할 수 있다. 편견과 오만함 그리고 현실성 없는 비전 제시를 조심해야 한다.

성숙된 사수자리는 훌륭한 스승, 현자, 구루의 이미지이다. 자신의 경험과 축적된 지식을 아낌없이 전수하고 나누어 주는 관대하고 인자한 스승이 될 수 있다. 타인에게 동기 부여를 하고 이상과 비전을 제시하며 이끌어 줄 수도 있다.

반인반마를 상징하는 사수자리는 활동력과 체력이 강하다. 이들이 5분 거리라고 말하는 장소는 실제로는 20분 거리의 장소일 수 있으며 개인 스포츠보다는 팀 스포츠에 더 어울리는 사인이다.

행성이 사수자리 사인이라면 행성의 에너지를 비전과 신념을 갖고 긍정적으로 사용해야 한다. 에너지를 끊임없이 탐구하고 학습하여 널리 전파하는 것이 바람직하다. 미래 지향적으로 다양한 생각과 경험을 토대로 성장해 나갈 수 있다. 때로는 여행을 통해서 행성 에너지의 의미를 찾을 수도 있으며 이국적인 환경과 외국인과의 관계를 통하여 자극을 받을 수도 있다. 또한 이 행성의 에너지를 사용하여 훌륭한 가르침을 주는 선생님이 될 수도 있다.

사수자리는 많은 사람들과 있기를 좋아한다. 밝고 긍정적이며 즐거운 관계를 맺을 수 있다. 여행과 모험을 공유하며 같이 성장해 나가는 발전적 관계가 될 수도 있다. 그러나 헌신과 가정적인 면을 기대히기는 힘들며 자신의 자유를 지나치게 추구하는 경향이 있다. 외국인과 무난한 관계를 맺을 수 있으며 국제결혼, 이민 등에 거리낌이 없을 수 있다.

염소자리(Capricorn)

: 나는 활용한다(I utilize)

원소	흙(Earth)	날짜	12월 21일~1월 20일
기질	카디널(Cardinal)	색상	군청색
극성	음(-)	스톤	오닉스, 흑옥
기호	♑	금속	납
지배 행성	토성(Saturn)	하우스	10th
키워드	인내심, 조직적, 진지함, 보수적, 경제적 관념, 조심성, 신중함, 실용적, 능률적, 목표 지향적, 야망 있는, 전통적, 책임감, 준법정신, 애국심 등	신체	무릎(Knee), 뼈(Bones), 치아 (Teeth)
긍정적 표현	현실적, 조직적, 야망 있음, 전략적, 끈기 있음, 효율적, 권위 있음, 결과물을 창출함, 책임감 있음 등		
부정적 표현	부정적, 무자비함, 계산적, 권위적, 지배적, 고집스러움, 소극적, 방어적, 우울증 등		

염소자리는 목표를 향해 꾸준히 전진한다. 성공과 명예는 이들의 인생에서 가장 중요한 요소이다. 이들은 성공을 위하여 인내와 끈기를 갖고 열심히 노력하고 성취하려 한다. 자신의 명예도 무척 중요하여 세상에서 인정받기를 원한다. 특히 윗사람들(선생님, 상사, 아버지 등)의 인정이 매우 중요하다.

염소자리는 조직을 구축하고 체계화하며 생산성 있게 만들려 한다. 책임감과 의무감도 강하여 자신의 역할과 맡은 일을 진지하게 수행하며 결과물을 만들어 내려고 한다.

조심스럽고 정확하며 진지한 염소자리는 자신의 야망, 목표, 속내 등을 잘 드러내지 않는다. 이것이 이들을 '조용한 성취자'라고 부르는 이유이다. 이들을 알기 위해서는 오랜 시간이 필요하다.

염소자리는 완벽을 추구하며 집중력도 매우 좋아 한 분야에서 최고의 자리까지 올라가는 경우를 종종 볼 수 있다. 목표를 성취하기 위하여 자신을 믿고 절제하며 불굴의 의지를 발휘한다.

인생에서 목표가 매우 중요하며 하나의 목표를 이루면 다른 목표를 설정하여 나아가는 것이 바람직하다. 인생의 목표가 없으면 우울해질 수 있다.

자신의 노력에 대한 현실적 대가 또는 보상을 원한다. 정확한 것을 좋아하며 예측 가능한 인생을 원한다.

이들은 체계적이고 안정된 환경과 믿을 만하고 존경스러운 선생님, 윗사람이 매우 중요하다. 그러한 사람들 또는 환경에서 많은 것을 배우며 발전한다.

흙 사인인 염소자리는 매우 현실적이다. 비현실적인 일이나 사람들과 어울리는 것을 불편해하며 쓸데없는 잡담을 좋아하지 않으며, 생산성 있는 취미 생활을 좋아한다(가죽 공예, 도예 등).

물질만능주의를 조심해야 한다. 힘과 권력만을 추구하여 냉정하고 비열한 사람이 될 수도 있다. 고집불통의 성향과 비판적, 냉소적인 생각을 조심해야 한다. 부정적이고 우울한 성향을 보일 수 있으며 매우 외로울 수도 있다. 변화에 대한 거부감 때문에 새로운 것을 받아들이는 데 저항할 수 있으며 거절의 두려움으로 타인과 관계를 기피할 수도 있다. 모든 일과 사람들을 자기 통제하에 두고 싶어 할 수 있다.

행성이 염소자리 사인이라면 목표를 설정하여 꾸준히 한 걸음씩 성취해 나아가야 한다. 그 행성의 에너지를 집중적이고 생산적일 수 있도록 사용하는 것이 좋다. 염소자리는 처녀자리, 전갈자리와 함께 장인의 기질을 갖고 있는 에너지 사인이다.

그 행성의 에너지를 숙달하여 세상에서 인정받기를 원한다. 타인에게 의지하지 않고 책임감 있게 에너지를 사용하는 것이 좋다. 행성의 에너지 사용의 결과는 자신의 의지와 신념에 따라 좌우된다.

　염소자리와의 관계는 믿을 수 있고 헌신적이며 진지하다. 인생의 목표를 공유하며 같이 성공을 향해 나아갈 수 있다. 가벼운 관계를 맺는 것은 선호하지 않는다. 흙 사인인 염소자리는 오감이 발달되어서 신체적 접촉을 좋아하지만 시간이 걸린다. 너무 진지하거나 지루할 수 있으며 파트너를 컨트롤하려고 하는 경향이 있다. 스승과 제자 사이에서 연인 관계로 발전하는 경우도 종종 있다.

물병자리(Aquarius)

: I know(나는 알고 있다)

원소	공기(Air)	날짜	1월 20일~2월 19일
기질	픽스드(Fixed)	색상	강청색
극성	양(+)	스톤	사파이어, 가넷
기호	≈	금속	플래티넘, 우라늄
지배 행성	토성(Saturn) - 전통 천왕성(Uranus) - 현대	하우스	11th
키워드	진보적, 독립적, 이성적, 초연함, 공정함, 이타적, 평등주의, 지적, 독창적, 기술적, 통찰력, 미래지향적 등	신체	발목(Ankles), 장딴지(Calves)
긍정적 표현	틀에 매이지 않음, 인도주의적, 친근함, 이상주의적, 독창적인, 이성적, 기술적, 미래 지향적 등		
부정적 표현	별남, 동떨어짐, 인간미 없음, 쇼킹함, 냉담함, 사회 부적응 등		

　물병자리는 구습과 관습에서 벗어나 새로운 미래로 향해 가는 에너지이다. 남과 다르게 독창적이기를 원하며 자신만의 개성, 자유, 독립성을 중요시한다. 새로운 기술, 지식, 발명품 등에 관심이 많으며 자신이 훌륭한 발명가가 되는 경우도 있다. 개념. 이론 등을 잘 이해하며 현실화하려 한다. 특히 첨단 과학이나 첨단 기술, 우주와 관련된 쪽에 관심이 많다.

　새로운 과학 기술과 첨단 기술뿐만 아니라 오컬트, 미스터리, 점성학 등에도 관심이 많고 지적 자극에 동기를 받으며 지적인 사람들과 교류하는 것을 좋아한다.

이들은 위험을 감수하더라도 한계와 경계를 벗어나 미래로 가고 싶어 한다. 새롭고 신기하고 독특한 것에 흥미를 느끼며 관심이 많다. 급격한 변화에도 잘 대처하며 변화를 주도하기도 한다.

구습, 관습, 전통에 묶여 있는 것을 싫어하며 자신만의 독특함, 개성, 직관, 아이디어 등을 자유롭게 표현하려고 한다.

평등주의와 인류애를 추구하며 독재와 권력에 저항하는 반란군 기질도 있다. 만일 평등과 자유를 누군가가 침범한다면 폭력적인 성향도 보일 수 있다.

공기 사인인 물병자리는 틀에 박힌 생활, 제약과 규제가 많은 환경에서 불안, 초조해지거나 신경질적으로 변할 수 있고 보수적이거나 전통적인 사람들과의 관계를 매우 불편해한다.

전통과 규칙을 무시하며 세상과 동떨어진 삶을 살 수도 있다. 감정을 이성화, 객관화하려 하며 매우 차갑고 냉담한 사람이 될 수도 있다. 평범하지 않고 괴짜스러운 성향이 있을 수 있으며 이상한 행동으로 주변을 놀라게 할 수도 있다. 평화를 외치면서 폭력을 행사하는 이중성을 보일 수도 있다.

행성이 물병자리 사인이라면 그 행성의 에너지를 개성 있고 독창적으로 사용해야 한다. 물병자리는 남과 같은 방식, 전통적인 방식을 따라가는 것을 원하지 않는다. 그 행성의 에너지는 자유와 독립을 보장해 주어야 더욱더 발전할 수 있다. 변화와 첨단을 좋아하며 새롭고 신기한 것에 관심을 기울여 사용하는 것이 좋다.

관계에서 물병자리는 자기만의 자유와 시간, 공간을 보장받기를 원한다. 친밀한 관계보다는 친구 같은 관계를 선호하며 평등한 관계를 원한다. 재미있고 신나고 소통하기 좋은 파트너이나 감정적 이해를 구하기 힘들며 구속받는 것을 매우 싫어할 수 있다. 친밀감과 자유 사이에서 딜레마가 있을 수 있다.

물고기자리(Pisces)

: 나는 믿는다(I believe)

원소	물(Water)	날짜	2월 19일~3월 20일
기질	뮤터블(Mutable)	색상	어두운 청록색
극성	음(-)	스톤	녹보석(황옥), 자수정
기호	♓	금속	양철
지배 행성	목성(Jupiter) - 전통 해왕성(Neptune) - 현대	하우스	12th
키워드	섬세함, 감수성이 풍부함, 창의적, 상상력이 풍부함, 상냥함, 신비로움, 직관력, 배려심 등	신체	발(Feet), 부종(Swelling), 면역력(Immunity)
긍정적 표현	이해심이 많음, 예술적, 영적, 도움을 줌, 희생 정신, 구원자 등
부정적 표현	비현실적, 피해자, 감정에 휘둘림, 잘못된 헌신, 회피주의, 현실 도피 등

물고기자리는 자신을 희생해서 타인을 구원하려는 성향이 강하다. 대가를 바라지 않고 불쌍하고 어려운 상황에 놓인 사람들을 도와준다. 인정 많고 상냥하고 친절하며 양보의 미덕을 알고 타인의 감정을 잘 이해하며 이야기도 잘 들어주고 공감력도 뛰어나다. 이들은 매우 예민하여 주변 사람들의 감정과 분위기를 잘 파악한다. 그러나 자신의 감정과 무관하게 타인에게 동화되어 자신을 잃어버리는 것을 조심해야 한다. 너무 배려하고 이해하려는 성향과 잘못된 헌신으로 자신이 피해자가 되는 경우가 생길 수도 있다. 피해자가 된 자신을 원망하여 자해를 하거나 감정을 주체하지 못할 수 있다. 불쌍한 강아지를 도와주려다 물리는 경우를 조심해야 한다.

신과 하나가 되려는 욕구가 강하여 종교나 영적 세계에 많은 관심을 보일 수 있다. 신과 하나가 되고 싶은 마음을 시, 소설, 미술, 춤 등으로 표현하기도 한다. 자신이 종교 또는 영적 지도자가 될 수도 있다.

상상력과 창의력의 뛰어나서 예술 분야에서 그 능력을 발휘할 수도 있다. 배우나 영화, 향수, 메이크업 등의 산업 등에 종사하기도 한다.

현실적이고 딱딱한 환경을 불편해한다. 이들은 자신의 창의성과 상상력 그리고 영적 표현을 자유롭게 할 수 있는 환경을 좋아한다. 물고기자리 어린이에게는 그림, 기호 등을 이용하여 상상력을 자극할 수 있는 공부 방법이 효과적일 수 있으며 운율과 리듬을 이용하는 것도 좋은 방법이다.

잘못된 약의 처방, 약물의 중독, 바이러스 감염 등을 조심해야 하며 면역력 향상에 도움이 되는 음식 섭취를 하는 것이 좋다.

비현실적이거나 물질세계를 등한시할 수 있다. 현실 도피를 위해 약물, 술, 사람들에게 의존할 수도 있다. 쉽게 속임을 당하거나 이용당할 수도 있다. 수줍음이 많고 정당한 자기주장을 못할 수도 있다. 맹목적인 믿음과 헌신으로 인하여 타인에게 피해를 줄 수 있으며 자신의 믿음을 타인에게 강요하기도 한다.

행성이 물고기자리 사인이라면 상상력과 창의력을 동원하여 사용하는 것이 바람직하다. 예술, 종교 또는 영적 분야에서 에너지 발현이 잘될 수 있다. 타인을 위해서 행성 에너지를 사용할 수도 있다. 치유와 힐링의 용도로 행성의 에너지를 사용할 수 있다.

물고기자리는 로맨틱하고 상냥하고 이해심 많은 파트너이다. 파트너와 하나가 되기를 원하며 파트너에게 희생과 헌신한다. 그러나 파트너에게 너무 의존하거나 중독 성향을 보일 수 있고 집착할 수 있다. 매번 파트너의 잘못을 쉽게 용서해 주고 건강하지 못한 관계에서 빠져나오기 힘들 수 있다. 자신이 원하는 것을 표현하지 못할 수 있으며 너무 수용적일 수도 있다. 이루지 못할 관계를 꿈꾸거나 비현실적인 파트너를 찾으려 할 수 있다.

Part 3.

11 행성(11 Planets)

행성	달(☽)	태양(☉)	수성(☿)	금성(♀)	화성(♂)
지배 사인	Cancer (게) ♋	Leo (사자) ♌	Gemini, Virgo (쌍둥이, 처녀) ♊, ♍	Taurus, Libra (황소, 천칭) ♉, ♎	Aires, Scorpio (양, 전갈) ♈, ♏
하우스	4th	5th	3rd & 6th	2nd & 7th	1st
색	은색 흰색 연한 녹색	노란색 오렌지 금색	메탈릭 블루 보라색	파스텔 색조 녹색	빨강 마젠타 암적색
금속	은	금	수은	구리	철
보석	오팔 진주 문스톤	토파즈 엠버 금	아게이트(마노) 유리	옥 에메랄드 대리석	루비 블러드 스톤
신체	가슴, 위, 자궁, 장, 소화기관	심장, 심혈관계, 허리 등	신경계, 혀, 양팔, 폐 등	머리카락, 피부색, 콩팥, 피	머리, 아드레날린, 남자 성기 등
직업	산파, 간호사, 어부, 요식업, 선원, 어린이 돌봄 관련업, 사회복지 관련업 등	보석 관련업, 매니저, 엔터테이너, 배우, 판사, 권위자 등	정보 통신 관련, 저널리스트, DJ, 우체부, 통신기기 산업, 가이드, 통역사 등	예술 관련업, 플로리스트, 인테리어, 관계 상담가, 중매·중개자, 외교관 등	군 관련, 외과의사, 운동 선수, 대장간, 정육업, 이발사, 판매원, 기업가, 동기 부여 관련 직종

행성	목성(♃)	토성(♄)	카이런(⚷)	천왕성(♅)	해왕성(♆)	명왕성(♇)
지배 사인	Sagittarius (사수) ♐	Capricorn (염소) ♑		Aquarius (물병) ♒	Pisces (물고기) ♓	Scorpio (전갈) ♏
하우스	9th	10th		11th	12th	8th
색	보라색 짙은 자주색 짙은 파란색	고동색 회색 검정색 어두운 녹색		은백색 담청색	자주색 해록색	검은색 울트라 바이올렛
금속	양철	납		우라늄 라듐	백금 리튬	플루토늄 텅스텐
보석	터키석, 자수정	다이아몬드, 오닉스, 가넷	크리스털	아쿠아 마린, 크리스털, 라피스 라줄리	코랄, 상아	연수정, 녹주석
신체	간, 허벅지, 뇌하수체	뼈, 골격, 치아, 피부, 비장	양팔, 양다리, 장애	발목, 신경신호, 뉴런, 송과안	시상, 발, 차크라, 송과선, 면역력, 오진단	배설기관, 방광, 성기, 대장 등
직업	법 관련업, 철학, 정치, 고등 교육, 종교인, 여행사, 가이드, 국제 업무, 선생님, 교수 등	건설업, 은행, 부동산, 벽돌공, 농부, 선생님, 교장, 치과 의사, 교도관 등	허브 관련업, 힐러, 카이로프랙터, 동종요법 의사, 자연요법 의사, 점성학자, 선생님, 정신요법 의사, 건강 관련업 종사자 등	발명가, 점성학자, IT, 우주 산업, 정신과 의사, 비행사, 과학 기술자 등	댄서, 마취학, 화학자, 사진가, 영화, 향수, 정신과, 간호사, 예술가, 메이크업 등	장의업, 힐러, 오컬트, 형사, 심리학자, 스파이, 조사 관련업, 광부, 슬픔과 이별 관련 상담 등

태양(The Sun)

: 자기의 독자성을 유지하고 표현하는 기능

태양은 존재의 핵심이며 자신의 정체성과 의식적인 자아를 의미한다. 나의 개성과 의지를 관철하여 건강한 자아를 형성해 나가는 과정을 보여 준다. 자신의 잠재적인 창의성과 재능 그리고 신념을 인생에 목표에 맞게 발산하여야 한다. 활력과 생명력을 나타내며 평생 발전시켜야 할 에너지이다.

키워드	힘, 활력, 자기표현, 개성, 정체성, 목적, 목표, 아버지, 리더십과 권위, 창의성, 건강한 자아의 발전 등	지배 사인	사자자리(Leo)
하우스	5th	기호	☉
신화	아폴로, 헬리오스	색	노란색, 오렌지, 금색
보석	토파즈, 엠버, 금	금속	금
식물	해바라기, 쌀, 캐모마일, 샤프론	신체	심장, 심혈관계, 눈, 척추(요추), 활력
직업	권위자, 매니저, 엔터테이너, 보석 관련 직업, 판사, 대표직 등	주기	약 365일(1년)
긍정적 표현	빛나는, 관대한, 활력이 넘치는, 성취감을 느끼는, 자신감, 명랑한, 너그러운, 창의적인 등	부정적 표현	오만한, 독재적인, 자기중심적인, 고압적인, 자만심이 강한, 과장된, 타인을 가리는, 나르시시즘 등
기본 개념	(1) 자아 개념의 확립, 성장하는 자아, 자신의 개성, 자신의 의지 발현 (2) 창조적인 자아 표현. 자신만의 정체성 발견 및 성장 (3) 자신의 재능에 집중하고 인생의 의식적 목표(목적)를 실현하는 능력 (4) 활력과 생명력 (5) 나의 의지와 능력을 빛나게 하는 에너지 (6) 아버지와의 관계 및 영향력		

달(The Moon)

: 감정과 무의식적으로 반응하는 기능

달은 나의 감정과 내면의 니즈(Needs)를 의미한다. 무의식적이고 본능적인 에너지이며 무의식적인 반응을 관장한다. 감정적 안전감을 느끼기 위해 필요한 것이 무엇인지 또는 어떠한 환경과 사람들에게서 안전감을 느끼는지를 알 수 있다. 어머니 또는 나를 양육한 사람들의 영향력과 관계를 나타내며 감정의 기억 창고이다.

키워드	안전과 보안, 감정, 본능적 반응, 직감, 무의식, 기본적 요구, 돌봄, 양육, 어머니, 생체 리듬, 여성의 주기, 대중적, 내가 필요로 하는 것, 집, 부동산 등	지배 사인	게자리(Cancer)
하우스	4th	기호	☽
신화	데메테르, 아르테미스, 셀레나, 헤카테	색	은색, 흰색, 연한 녹색
보석	오팔, 진주, 문스톤	금속	은
식물	백장미, 인동덩굴, 아이리스, 오이, 멜론, 루나리아	신체	가슴, 자궁, 위, 장, 창자, 알레르기 반응
태양과 달의 주기	약 29.5일	주기	약 27.3일
직업	산파, 간호사, 어부, 요식업, 가정교사, 선원, 아이들 돌봄 관련 직업, 사회복지사 등		
긍정적 표현	안정감, 소속감, 편안함, 보호받고 보호함, 양육받고 양육함, 감정적 따듯함을 줌 등	부정적 표현	불안함, 사랑받지 못하는 느낌, 버려진 느낌, 감정 기복이 심한, 예민한, 소유욕이 강함, 애정 결핍, 불만, 염려, 의존적 등

기본 개념	(1) 자신의 감정적 본질과 감정의 기억 창고
	(2) 무의식적인 감정적 반응
	(3) 습관과 본능적인 반응(눈 깜박임, 딸꾹질 등), 음식에 대한 반응 및 식습관
	(4) 양육과 보살핌을 주고받는 방식
	(5) 애착관계를 맺는 방식
	(6) 어머니 또는 자신을 양육해준 사람들과의 관계 및 영향력
	(7) 삶의 환경, 집의 환경 또는 자신이 안정감을 느낄 수 있는 환경
	(8) 감정적 안전감을 느끼기 위해 필요로 하는 것

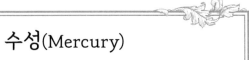

수성(Mercury)

: 생각하는 스타일과 의사 전달 기능

수성은 개인의 생각과 개념을 전달하는 에너지이다. 논리적이고 이성적이며 의식적인 좌뇌의 영역이다. 쓰고 말하고 소통하는 방식을 나타내며 개인이 원하는 학습 방법과 학습 환경을 알 수 있다. 형제자매들과의 관계와 영향력을 보여 준다.

키워드	의사소통, 연설, 언어, 글쓰기, 말하기, 책략, 젊음, 운송, 상업, 형제자매, 움직임, 이동 수단, 네트워킹, 이성적 마인드, 호기심, 단거리 여행 등	지배 사인	쌍둥이자리(Gemini), 처녀자리(Virgo)
하우스	3rd, 6th	기호	☿
신화	헤르메스	색	메탈릭 블루, 보라색
보석	아게이트(마노), 유리	금속	수은
식물	라벤더, 마조람, 파슬리, 당근, 진달래, 회향풀(펜넬), 개암나무	신체	신경 시스템, 혀, 양손, 양팔, 폐
직업	통신 기기 산업의 직업, 작가, 저널리스트, DJ, 우체부, 배달업, 강사, 정보 통신 관련 직업, 가이드, 통역가, 번역가 등	주기	약 11~13개월, 1년에 3번 약 3주간 역행, 태양과 28도 내에 위치함
긍정적 표현	빠른 사고, 말을 잘하는, 지적이고 이성적인, 합리적이고 균형감을 유지하는, 재치 있는, 똑똑한, 호기심 많은, 의식적인 생각과 마인드 등	부정적 표현	피상적인, 참을성 없는, 의견을 밝히지 않는, 의사소통에 장벽이 되는, 가만히 못 있는, 결정을 못 하는, 일관성 없는, 산만함, 감정을 무시하는, 냉담한, 사기, 기만 등

기본 개념	(1) 생각을 구체화하고 표현하는 기능
	(2) 학습 환경과 학습 스타일
	(3) 타인과 소통하는 방식과 방법
	(4) 쓰고, 말하는 능력과 언어 능력
	(5) 논리적이고 이성적인 마인드(좌뇌의 영역)
	(6) 형제자매, 친구, 이웃들과의 관계
	(7) 단거리 여행. 교통 수단
	(8) 상업적 능력과 수완

금성(Venus)

4

: 사랑과 애정 그리고 아름다움을 표현하고 관계를 맺는 기능

금성은 타인과 관계를 맺는 방식과 자신의 가치관과 예술적 재능을 표현하는 방식을 나타낸다. 아름답고 가치 있게 여기는 것이 무엇인지를 암시하며 소유물(돈)에 관한 관점과 태도를 보여 준다.

키워드	사랑, 관계, 욕망, 아름다움, 평화, 조화, 예술, 예술적 표현, 자존감, 가치관, 미적 감각 등	지배 사인	황소자리(Taurus), 천칭자리(Libra)
하우스	2nd, 7th	기호	♀
신화	아프로디테	색	파스텔 풍의 색조, 녹색
보석	옥, 에메랄드, 대리석	금속	구리
식물	수선화, 포도, 체리, 고사리류, 아티소(아티초크), 무화과, 아몬드 나무	신체	머리카락, 피부색(톤), 안색, 콩팥, 피
직업	중매업, 외교관, 인테리어 디자이너, 예술가, 플로리스트, 관계 상담가, 서비스업 등	주기	10~14개월, 약 19개월마다 약 6주간 역행, 태양과 48도 내에 위치
긍정적 표현	예술적 감각과 미적 감각, 다정함, 평화를 사랑함, 온화함, 사교적, 요령 있음, 협력적, 주고받는 즐거움, 외교적 능력 등	부정적 표현	수동적, 질투하는, 끊임없이 비교함, 우유부단함, 욕망에 지배됨, 자존감 문제, 외모를 중시함, 타인에 의존함, 물질만 능주의 등

기본 개념	(1) 타인과의 관계(연인, 친구 등의 동등한 관계)
	(2) 자신의 가치관(미각, 예술적 관심사, 좋고 싫음 등)
	(3) 자신의 자존감 및 자애심
	(4) 사회적 관계 및 교류의 니즈(needs)
	(5) 아름다움의 창조 능력(디자인, 음악, 화장, 인테리어 등)
	(6) 자신의 소유물 및 돈에 대한 태도 또는 관념
	(7) 남자의 경우 내적인 여성성

화성(Mars)

: 욕망, 의지, 육체 에너지를 표출하는 기능

화성은 개인의 활력과 생명력의 에너지이다. 원하는 것을 어떻게 성취하는가, 기본적인 욕구를 어떻게 표현하고 추구하는가를 보여 준다. 자신의 의견을 주장하는 방식과 분노의 표출 방식을 알 수 있다. 개인의 성적 취향 및 성적 에너지를 의미한다.

키워드	행동력, 대담성, 운동 능력, 용기, 추진력, 의지, 주장, 분노, 성적 취향, 경쟁심, 생존본능 등	지배 사인	양자리(Aries), 전갈자리(Scorpio)
하우스	1st	기호	♂
신화	에리즈	색	빨강, 마젠타, 암적색
보석	루비, 블러드 스톤	금속	철
식물	양파, 고추, 머스터드, 생강, 후추, 담배, 고수, 무, 선인장, 가시나무	신체	머리, 아드레날린, 남자 성기
직업	군인, 외과 의사, 운동선수, 대장간 업(철공소), 정육점, 이발사, 세일즈맨, 소방수, 자영업, 대기업 경영 간부 등	주기	약 17~23개월(약 2년), 2년마다 평균 74일 역행
긍정적 표현	적극적, 에너지가 넘침, 운동을 잘함, 열정적, 집중적, 경쟁적, 용기 있음, 영웅적, 생존 본능 등	부정적 표현	공격적, 위협적, 타협이 불가능함, 부적절한 분노, 조급함, 분노 조절 장애, 참을성 없음 등

기본 개념	(1) 개인의 에너지 레벨, 활력, 활동력
	(2) 욕구와 분노를 표현하고 분출하는 방식
	(3) 자신이 원하는 것을 추구하는 능력
	(4) 자신의 의견을 주장하고 표현하는 방식
	(5) 인생의 목표와 의지 발현
	(6) 생존 본능과 경쟁심
	(7) 자신의 성적 취향, 성적 에너지
	(8) 여성의 경우 내적인 남성성

목성(Jupiter)

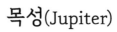

: 인생의 의미를 찾고 진실과 진리를 추구하는 기능

목성은 인생의 진리와 의미를 교육과 철학 또는 여행 등을 통해서 찾으려 한다. 선행과 관대함 그리고 긍정적인 마인드를 의미하며 미래에 대한 확신과 믿음을 보여 준다. 행운은 긍정적인 생각과 자신에 대한 믿음의 대가이다.

키워드	권한, 기회, 이상, 철학, 확장, 팽창, 번영, 여행, 모험, 탐험, 열정, 신뢰, 믿음, 법, 정의, 행운 등	지배 사인	사수자리(Sagittarius), 물고기자리(Pisces)
하우스	9th	기호	♃
신화	제우스	색	보라색, 짙은 자주색, 짙은 파란색
보석	터키석, 자수정	금속	양철
식물	아스파라거스, 데이지, 딸기, 서양 민들레, 참나무, 뽕나무	신체	간, 허벅지, 뇌하수체
직업	법 관련 직업, 정치, 철학, 고등 교육, 종교, 여행사, 가이드, 국제 교류, 선생님, 교수 등	주기	약 12년, 매년 약 4개월 역행
긍정적 표현	긍정주의, 신뢰, 자신감, 용기, 즐거움, 풍부함, 행운, 너그러움, 자선 사업, 예지력 있음, 지혜, 선구자, 선생님 등	부정적 표현	과장, 오만, 위험 부담, 지나친 방임, 지나치게 과함, 자만심, 낭비, 권력 과시, 섬세함 없음, 진실을 외면함, 이기적, 편견 등

기본 개념	(1) 육체적, 정신적, 영적 능력의 확장
	(2) 선의, 관대함, 그리고 긍정주의
	(3) 자신의 철학과 비전을 미래지향적으로 확대
	(4) 자신의 인생에 대한 믿음과 확신
	(5) 인생의 의미를 철학, 종교, 교육, 여행 등을 통하여 찾음
	(6) 장거리 여행과 다른 문화권 사람들과 교류하며 진리와 인생의 의미를찾음
	(7) 자신의 확장을 위해 위험을 감수하고 안전한 곳을 떠남
	(8) 자신의 지혜와 비전을 가르치는 선생님, 스승, 구루(Guru)의 에너지

토성(Saturn)

: 현실을 유지하고 안정을 추구하는 기능

토성은 현실을 유지하고 안정을 취하기 위해 자신의 책임과 의무를 어떤 식으로 맡고 이행하는가를 보여 준다. 개인의 한계와 경계를 규정하는 역할을 한다. 차트에서 토성이 있는 자리는 보다 확실한 토대를 쌓기 위해 책임감과 의무감을 느끼는 영역이지만 자신의 야망을 성취하는 영역이기도 하다. 자신의 명예와 성공에 관련된 문제를 해석하는 지표가 된다.

키워드	권한, 현실주의, 완벽, 의도, 목적, 구조, 조직, 방법, 야망, 경험, 책임감, 헌신, 약속, 형식적 절차, 관습, 전통 등	지배 사인	염소자리(Capricorn), 물병자리(Aquarius)
하우스	10th	기호	♄
신화	크로노스	색	고동색, 회색, 어두운 녹색, 검정색
보석	다이아몬드, 오닉스, 가넷	금속	납
식물	독미나리, 컴프리, 시금치, 이끼, 맨드레이크, 버드나무, 소나무	신체	뼈, 피부, 관절, 치아, 척추, 비장
직업	건설업, 은행, 부동산, 교도관, 벽돌공, 농부, 선생님, 교장, 치과 의사, 기업 간부, 교수, 과학자 등	주기	약 29년 6개월, 매년 약 4.5개월 역행
긍정적 표현	진지함, 진실성, 완벽함, 계획, 전략, 생산적, 근면함, 자율적, 충실함, 때를 맞춤 등	부정적 표현	비관주의, 실망, 조종함, 엄격함, 좌절감, 타협이 불가능한, 편협함, 고착됨, 자발적이지 않음, 지배적, 냉정함 등

기본 개념	(1) 인생의 현실적 구조와 형태를 구축
	(2) 자신의 명예와 야망을 성취해 가는 과정
	(3) 자신의 자율성 확립 및 훈련과 규율을 이행하는 능력
	(4) 자신의 공포와 제약을 극복해 나아가는 과정
	(5) 책임감과 의무감을 이행하는 능력
	(6) 자신의 한계와 범위를 인지하는 능력
	(7) 목표를 설정하고 모든 일을 완벽하고 정확하게 처리하는 능력
	(8) 건강한 성숙의 과정(나이와 지혜는 비례한다는 것을 인식)
	(9) 토성은 자신의 책무, 규율, 훈련 등을 성실히 이행하고 자기 자신을 잘 관리할 때 비로소 진정한 자유를 얻을 수 있다는 것을 가르쳐 줌

카이런(Chiron)

: 성숙과 성장의 근본적 주제

카이런은 나의 상처를 인식하고 치유하고 성장하는 여정을 의미한다. 유체 이탈, 삶과 죽음의 경계에 서 있는 경험을 의미하기도 한다. 현실 세계와 정신세계 사이를 연결해 주는 에너지이다.

키워드	권리 박탈, 상처 받기 쉬움, 자기 인식, 남과 다른 재능, 이단아/아웃사이더, 통합, 기여, 성숙의 진행 등	지배 사인	없음
하우스	없음	기호	⚷
신화	카이런	색	없음
보석	크리스털	금속	없음
식물	용담과의 풀, 린덴(서양 보리수)	신체	팔, 다리, 장애
직업	허브 관련 직업, 카이로프랙터, 동종요법 의사, 자연요법 의사, 정신요법 의사, 점성학자, 힐러, 선생님, 건강 관련 대체 의학 분야의 직업 등	발견	1977년 11월 1일
주기	약 50년		
긍정적 표현	자비로움, 동정심 있음, 개인적 성장, 자아 수용, 투시, 전체적인 접근, 치료자, 지혜로움, 남과 다른, 멘토, 스승 등	부정적 표현	이방인, 외톨이, 지나치게 과민함, 불안정함, 외로움, 상처 받음, 희생자, 불완전한 느낌, 권리를 박탈당함 등

기본 개념	(1) 이방인, 외톨이, 고아가 된 듯한 느낌과 경험
	(2) 어느 그룹에도 소속되지 못하거나 자신의 권리가 박탈된 느낌과 경험
	(3) 소외되고 격리된 느낌과 경험
	(4) 남과 다른 관점과 생각
	(5) 나의 소외감, 상처, 보기 싫은 나의 모습 등을 대면하고 치유의 과정을 거쳐 진정한 나의 영 혼의 안식을 찾는 여정
	(6) 육체와 영혼과의 분리의 경험. 다른 두 세계(이승과 저승)의 중간에 있는 경험
	(7) 자신의 경험으로 토대한 힐러, 멘토, 스승의 역할
	(8) 대체의학, 자연치유, 점성학 등의 직업군

9 천왕성(Uranus)

: 변화와 혁신 그리고 자유와 독립성을 추구하는 기능

천왕성은 경계와 한계를 넘어가려는 갈망과 기존의 규칙과 규율을 벗어나 새로운 미래로 나아가려는 에너지이다. 독창성과 독립성을 추구하고 변화와 혁신을 주도한다. 과학과 발명 그리고 신기술과 밀접한 관계를 갖고 있다. 평등하고 민주적인 유토피아를 의미하기도 한다.

키워드	인식, 깨달음, 혁신, 독특함, 자율성, 자유, 독립, 기계화, 과학과 기술, 첨단적, 미래지향적, 남과 다른, 완벽, 이상주의, 평등주의 등.	지배 사인	물병자리(Aquarius)
하우스	11th	기호	♅
신화	유레너스	색	은백색(Silvery white), 일렉트릭 휴즈(Electric hues, 강렬한 색조), 담청색
보석	아쿠아 마린, 크리스털, 라피스 라줄리	금속	우라늄, 라듐
식물	없음	신체	신경 신호, 뉴런, 송과안(Third eye), 경련, 쥐, 불안 초조, 발목
직업	발명가, 점성학자, IT 관련 직업, 정신과 의사, 우주 관련 직업, 과학 기술, 비행사 등	발견	1781년 3월 13일
주기	약 84년, 매년 약 5개월 역행		

긍정적 표현	나만의 개성, 통찰력, 기술적, 과학적, 진보적, 미래 지향적, 구습 타파, 자유주의, 평등주의, 민주주의 등	부정적 표현	반란, 폭력, 정신 이상, 괴짜, 냉담한, 충격적인, 전통과 규칙을 무시하는, 무정부주의, 사회 부적응 등
기본 개념	(1) 일깨우는 사람, 계몽가, 혁신가, 급진주의자, 모험가 등의 이미지 (2) 오래된 관습, 규칙, 개념 등을 타파하는 에너지 (3) 자신의 자유와 독립을 규제하는 과거의 제약들로부터 벗어나려는 에너지 (4) 평등, 공평 그리고 자유를 창조하려는 욕구 (5) 자신의 개성, 독창성 그리고 평범한 사람들과 다른 자신 (6) 분리, 독립, 혼자만의 시간과 공간을 추구 (7) 통찰력과 긍정적 마인드와 논리적인 생각 (8) 위험을 감수하고 미래로 나아가려는 에너지		

해왕성(Neptune)

: 초월적인 자유와 꿈 그리고 환상을 추구하는 기능

해왕성은 현실의 경계와 장벽을 허물고 우주와 연결되고 하나가 되고 싶어하는 에너지이다. 어떤 영역에서 경계를 넘어가고 싶어 하는지, 어떤 방식으로 경계가 없는 초월적인 자유를 경험하려고 하는지를 보여 준다. 나보다 위대한 존재와 하나가 되고 싶어 하며 전체를 위해 자신을 희생하려는 에너지이다. 영감, 상상, 이상, 환상, 꿈 등을 의미한다.

키워드	초월, 숭고한, 성스러운 갈망, 신과 하나가 되고 싶은, 무형의, 상상력, 황홀감과 유혹, 희망과 꿈, 환상, 공상, 마술과 신화, 창의력, 예술성 등	지배 사인	물고기자리(Pisces)
하우스	12th	기호	♆
신화	포세이돈, 디오니소스	색	엷은 자주색, 해록색
보석	코랄, 상아	금속	백금, 리튬
식물	양귀비, 페요테, 환각 버섯, 난초, 대마, 코코아 잎, 담쟁이넝쿨, 포도나무	신체	시상, 엽상체, 차크라, 송과선, 발, 오진단을 받을 가능성이 높음
직업	댄서, 마취학, 화학자, 사진가, 영화, 향수, 간호사, 예술가, 분장사, 영매, 무당 등	발견	1846년 9월 23일
주기	약 164년 또는 165년, 매년 약 5.25개월 역행		

긍정적 표현	자비로움, 이해심이 많음, 애민심, 믿음, 영적 생활의 부유함, 보이지 않는 세계에 열린 마음, 정신적 자각, 이상의 추구, 활발한 상상력과 창의력 등	부정적 표현	혼돈, 현실 도피, 중독, 불안, 거짓된 신, 희생, 환멸, 기만, 망상, 현실 부정 및 도피, 사기, 현실성이 없는, 물질세계의 부적응 등
기본 개념	(1) 자신을 희생하여 만인을 구원하고 싶은 에너지 (2) 직감과 육감(Six sense)의 발달과 영적 능력 (3) 신 또는 우주와 하나가 되고 싶어 하는 열망 (4) 자신보다 더 위대한 존재를 위해 희생하고 몸을 맡기길 원함 (5) 상상력, 공상력과 창의력 (6) 치유와 예술적 능력 (7) 환상과 허상, 현실 도피와 중독의 성향, 희생과 희생자의 역할 (8) 환상, 이상, 꿈 등을 자신의 방어 도구로 사용		

명왕성(Pluto)

: 죽음과 재생을 통해 존재의 변형을 추구하는 기능

    명왕성은 죽음과 재탄생의 경험을 의미하며 나를 재건하고 재생하는 힘을 보여준다. 강렬한 감정과 무의식의 힘 그리고 개인의 숨겨진 능력과 자산을 나타낸다. 집중력이 뛰어나며 흑과 백, 선과 악처럼 극단적이고 단호한 에너지이다.

키워드	지하세계, 어둠, 죽음과 재탄생의 순환, 성적 매력, 변형, 카타르시스, 카리스마, 생존 본능, 강한 결단, 치료와 치유, 자기 제어, 힘과 지배, 제거와 배설, 비밀스럽고 사적인 느낌 등	지배 사인	전갈자리(Scorpio)
하우스	8th	기호	♇
신화	하데스	색	검은색, 울트라 바이올렛
보석	연수정, 녹주석	금속	플루토늄, 텅스텐
식물	유전자 변형 식물, 수선화, 석류나무, 독성 식물	신체	대장, 배설기관, 항문, 성기, 요도, 방광, 암
직업	힐러, 오컬트, 장례업, 형사, 조사관, 정신과 의사, 외과 의사, 트라우마 상담사, 스파이, 고고학 종사자, 광부, 치유사 등	발견	1930년 2월 18일
주기	약 248년		

긍정적 표현	열렬함, 매력 있음, 강렬함, 카타르시스를 느끼게 함, 치유함, 정화함, 어려움으로부터 만들어지는 지혜, 카리스마, 치료의 힘 등	부정적 표현	무자비함, 강탈함, 완고함, 지배하고 조정함, 파괴적, 거절, 거부, 편집증, 강박, 집착, 왜곡, 사기, 타인의 힘을 빼앗음 등
기본 개념	(1) 자신을 변형하고 재개발시키는 능력, 죽음과 재탄생, 파괴와 갱신의 에너지 (2) 자기의 부정적인 감정, 무의식의 요소들과의 대면 (3) 숨겨진 능력, 잠재된 능력을 의식적으로 끌어내는 힘 (4) 자신을 컨트롤하고 집중하는 능력 (5) 강한 정신력과 내적인 힘. 위기 상황을 극복하는 힘 (6) 치료, 치유의 능력과 동기 부여를 하는 힘 (7) 과거의 힘든 감정과 트라우마 등을 초월하고 성장하는 과정을 배움 (8) 눈에 보이지 않는 현상과 숨겨진 진실을 탐구하려는 에너지		

행성과 사인의 조합 연습

나의 달(Moon)의 사인은 게자리(Cancer)이다. 게자리 사인의 원소는 물(Water)이며 모드는 카디널(Cardinal)이고 극성은 음(-)이다.

달의 키워드

안전과 보안, 감정, 본능적 반응, 직감, 무의식, 기본적 요구, 돌봄, 양육, 어머니, 생체 리듬, 여성의 주기, 대중적, 내가 필요로 하는 것, 집, 부동산 등

게자리 키워드

감정적, 감성적, 수용적, 집요한, 배려함, 보살핌, 친밀함, 양육함, 현명함, 섬세함, 수줍음, 방어적, 직감, 애국심, 의존적

게자리 사인 달의 긍정적 표현

감정적으로 섬세하여 타인의 감정을 잘 이해하고 이야기도 잘 들어준다. 누군가와 감정적으로 친밀하고 보살피는 관계에 있을 때 안전감을 느낀다. 가족을 매우 중시하며 어머니와 같은 역할을 하려고 한다. 직감이 매우 뛰어나고 감수성이 풍부하여 자기의 감정을 글이나 그림 등으로 잘 표현하기도 한다.

게자리 사인 달의 부정적인 표현

매우 방어적이고 소극적이다. 감정적으로 예민하여 신경질적일 수 있다. 과거 지향적이며 과거의 나쁜 감성적 기억을 버리지 못한다. 타인에게 의존적이고 요구가 지나칠 수 있다. 인생을 감정에 치우쳐 살 수 있다.

위와 같이 자신의 행성과 사인을 조합하여 긍정적인 표현과 부정적인 표현을 연습해 보는 것을 권장한다.

Part 4.

하우스(House)

하우스는 어떠한 영역을 경험하는가를 표현한다. 특히 하우스에서 4개의 앵글(Angle)은 개인의 차트에서 매우 중요한 정보를 제공한다.

각각의 행성 에너지들이 다양한 영역을 경험하고 어느 공간에서 안정감을 느끼고 확신을 얻는지 등을 알 수 있다.

예를 들면 어느 배우(행성)가 무슨 역할(사인)을 어떤 공간(하우스)에서 연기한다. 즉 배우 '이순재(행성)가 한의사 역할(사인)을 〈순풍 산부인과〉(하우스)에서 한다'라고 비유할 수 있다.

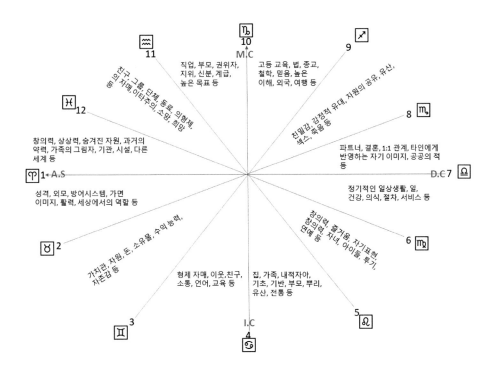

하우스 기본 사항

하우스는 태어난 장소와 시간의 정보가 매우 중요하다. 태어난 시간과 장소를 정확히 모를 경우에는 하우스와 4개의 앵글을 중요하게 고려할 수 없다. 4개의 앵글과 하우스 경계선은 몇 분 차이로 사인과 각도가 변할 수 있기 때문이다.

어센던트(A.S)는 약 2분에 1°, 미디엄 코엘리(M.C)는 약 4분에 1°씩 움직인다.

플래시더스(Placidus), 이퀄(Equal), 홀 사인(Whole sign), 코크(Koch), 포르피리(Porphyry), 레기오몬타누스(Regiomontanus) 등 매우 많은 하우스 시스템이 있지만 가장 많이 사용되고 있는 하우스 시스템은 플래시더스(Placidus) 하우스 시스템이다. 어느 하우스 시스템을 사용하더라도 하나만 사용하는 것이 바람직하다.

2 기본 해석

1) 하우스 경계선(Cusp) 사인

하우스 경계선 사인은 하우스 영역에서 내가 원하는 성향, 분위기, 환경 등을 의미한다. 하우스 경계선 사인의 기질을 만족시키면 하우스 내의 행성의 에너지가 긍정적으로 발현하는 데 도움을 준다.

예로 3번째 하우스 경계선 사인이 염소자리이고 달이 세 번째 하우스에 위치하고 있다고 가정하면 학창 시절에 규칙적이고 안정적인 환경 또는 존경할 만한 선생님에게 수업을 받을 때 감정적 안전감을 느낄 수 있다. 반대로 내가 감정적 안전감을 느끼기 위해 규칙적이고 체계적인 수업 환경이 필요하다고 해석할 수도 있다.

2) 하우스 경계선 사인의 지배 행성(Ruler)이 위치한 하우스

하우스 경계선 사인의 지배 행성이 위치한 하우스 영역은 하우스를 해석할 때 부가적인 정보를 제공한다. 예로 10번째 하우스 경계선 사인이 사자자리이고 지배 행성인 태양이 7번째 하우스에 위치하면 배우자, 친한 친구들과 동업을 하거나 상담, 결혼 관련 또는 중재 역할을 하는 직업을 가질 수도 있다.

3) 하우스 안에 있는 행성(가장 중요함)

하우스 안에 있는 행성의 에너지는 하우스 해석의 중심이다. 어떻게 그 행성의 에너지를 긍정적으로 사용할 것인지를 고려한다.

3 하우스의 분류

1) 기본 분류

   (1) 1-4 하우스: 개인적인 하우스

   (2) 5-8 하우스: 대인관계의 하우스

   (3) 9-12 하우스: 개인적인 한계를 넘어선 하우스(사회적 영역의 하우스)

2) 원소에 의한 분류

   (1) 생명의 하우스(불의 하우스): 1, 5, 9하우스

   (2) 물질의 하우스(흙의 하우스): 2, 6, 10하우스

   (3) 관계의 하우스(공기의 하우스): 3, 7, 11하우스

   (4) 영혼(Soul)의 하우스(물의 하우스): 4, 8, 12하우스

3) 모드에 의한 분류

   (1) 앵귤러(Agular) 또는 카디널(Cardinal) 하우스: 1, 4, 7, 10하우스

(2) 석시던트(Succeedent) 또는 픽스드(Fixed) 하우스: 2, 5, 8, 11하우스

(3) 케이던트(Cadent) 또는 뮤터블(Mutable) 하우스: 3, 6, 9, 12 하우스

4개의 앵글

차트에서 4개의 앵글, 즉 어센던트(Ascendant), 미디엄 코엘리(medium coeli), 디센던트(Descendant), 이뭄 콜리(Imum Coeli)는 태어날 때 우리가 가지고 나온 굉장히 개인적인 영역이다.

4개의 앵글들은 행성은 아니지만 태어날 때 우리가 가지고 나온 인생의 나침반과 같다. 또한 어떠한 하우스 시스템을 사용하든 이 4개의 앵글의 사인과 각도는 바뀌지 않는다.

1) 어센던트(Ascendant)

일출의 포인트이다. 개인의 성격, 외모, 개성 등을 의미하는 영역이다. 'A.S'로 줄여서 표현한다.

2) 미디엄 코엘리(medium coeli)

중천, 즉 태양이 가장 높은 곳에 위치할 때의 포인트이다. 직업, 천직, 사회적 활동 등을 의미하는 영역이다. 'M.C'로 줄여 사용한다.

3) 디센던트(Descendant)

일몰의 포인트이다. 관계, 파트너십, 결혼 등을 의미하는 영역이다. 'D.C'로 줄여서
사용한다.

4) 이뭄 콜리(Imum Coeli)

태양이 가장 낮은 위치에 있는 포인트이다. 집, 가족, 안정감 등을 의미하는 영역
이다. 'I.C'로 줄여서 사용한다.

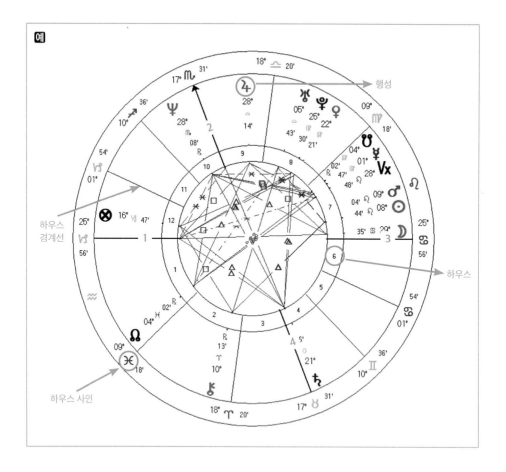

현대 점성학 101

앞쪽 차트에서 숫자 1번은 어센던트(Ascendant), 숫자 2번은 미디엄 코엘리 또는 미드헤븐(Medium Colie or Midheaven), 3번 디센던트(Descendant), 4번은 이뮴 콜리 (Imum Colie)라 한다.

- 미디엄 코엘리(M.C) 사인이 양자리(Aries)이면 매우 적극적이고 활동적이며 독립 적인 성향의 직업의 선호할 수 있으며 미디엄 코엘리(M.C) 사인이 천칭자리(Libra) 인 경우는 예술, 디자인, 뷰티에 관련 산업 또는 중재자 역할을 하는 직업을 선 호할 수 있다.
- 앵글의 지배 행성(Ruler)의 하우스 위치와 이루는 각도도 중요하다. 앞의 차트를 보면 어센던트(A.S) 사인이 염소자리(Capricorn)이고 지배 행성(Ruler)인 토성이 4 번째 하우스에 위치하며 8번째 하우스에 위치한 금성, 명왕성과 트라인(△)을 이 루고 있다, 이 개인의 어센던트(A.S)는 4번째, 8번째 하우스의 영향을 많이 받는 다. 집안 환경, 가족, 부모, 조상의 후광, 유산 등이 개인의 성격과 자신감에 굉장 히 중요한 영향을 미칠 수 있다.

5 앵글과 행성들이 컨정션을 이룬 경우

 앵글과 컨정션을 이룬 행성들은 각각의 영역에 영향을 줄 뿐만 아니라 개인의 전체적인 인생에도 큰 영향을 미칠 수 있다.

 예로 차트에서 천왕성이 M.C에 컨정션(☌)을 이룬 경우 이 개인은 갑작스러운 이직, 회사 내 위치의 이동, 해외 전근 등의 일들을 경험할 수 있다. 이러한 경험은 이 개인의 인간 관계와 가족 그리고 자기 자신의 성격에도 영향을 미칠 수 있다.

> **예**
> - 태양이 어센던트(A.S)에 위치하고 있으면 자기 자신의 개성과 창의력 등이 매우 중요할 수 있다.
> - 수성이 디센던트(D.C)에 위치하고 있으면 타인과 대화, 소통, 교류 등이 인생에서 매우 중요하며 특히 일대일 관계에서 커뮤니케이션이 매우 중요할 수 있다.
> - 금성이 미디엄 코엘리(M.C)에 위치하고 있으면 직업적으로 예술, 뷰티, 사람들과의 관계 등이 매우 중요할 수 있다.
> - 달이 이뮴 콜리(I.C)에 위치하고 있으면 집, 가족, 어머니, 내면의 안정감 등이 매우 중요할 수 있다.[1]

---

1 다음의 개념에 관해서는 'Part 5.각도(Aspects)'를 참고하기 바란다.
  - 트라인: 조화로운 에너지 흐름.
  - 컨정션: 에너지의 결합, 융합.

12 하우스(12 Houses)

6

1) 첫 번째 하우스(1st House)

조합	카디널, 불, 양자리, 화성		
모드	카디널(앵귤러) 하우스		
그룹	개인적 하우스, 생명의 하우스		
전통적 이름	성격, 개성의 하우스		
영역	개인의 정체성을 확립		
키워드	시작 체형 자기 이미지 자기 표현 인생의 접근 방식	외모 활력 가면 자기 본위 이름표	성격 정체성 출생 자발적 행동 건강

다른 사람들에게 보이는 나의 모습이며 자신의 외모와 자신을 표현하는 방식(드레스 코드, 행동 등)을 의미한다. 세상에 보여 주는 자신만의 개성과 이미지 또는 정체성을 나타내며 나의 육체적 활력과 인생의 접근(시작하는) 방식을 보여 준다.

'자신을 어떻게 방어하는가'를 나타낸다. 즉, 나를 숨기는 가면이기도 하다.

특히 어센던트와 가까이 있는 행성은 인생에서 매우 중요한 역할을 하며 출생 시 상태와 환경이 어떠하였는지를 보여 준다.

태양과 어센던트는 자신의 정체성을 나타내는데 보통 어센던트 사인이 태양의 사인에 영향을 준다. 예로 태양 사인이 양자리이고 어센던트 사인이 염소자리일 경우의 사람은 태양 사인이 양자리이고 어센던트 사인이 사수자리인 사람보다 현실적이고 참을성 있고 방어적일 수 있다.

보통 어센던트 사인 성향은 어릴 적에 나타나고 태양 사인의 성향은 나이 들어서 나타난다는 이론이 있는데 필자의 경험상 사람마다 다른 것 같다. 어떤 사람은 태양 사인 성향이 어릴 때 나오고 어센던트 사인 성향은 나이 들어서 나오는 경우도 많다.

연습 문제 하우스 내의 행성

아래 빈 칸을 채워 보자.

태양	
달	감정적 안정감, 가족, 감정, 과거의 기억, 어머니와의 관계 및 영향력 등이 개인의 인생과 정체성에 매우 중요한 요소일 수 있다.
수성	
금성	
화성	
목성	
토성	
카이런	
천왕성	
해왕성	
명왕성	

2) 두 번째 하우스(2nd House)

조합	픽스드, 흙, 황소자리, 금성		
모드	픽스드(석시던트) 하우스		
그룹	개인적 하우스, 물질의 하우스		
전통적 이름	돈과 소유물의 하우스		
영역	물질과 소유권에 대한 태도(방식)		
키워드	돈 재정 자존감 부의 축적	소유물, 재산 자원 자존심 예술적 재능	수입 능력 즐거움을 누리는 능력 가치관, 관능성

내가 가지고 있는 나의 자원과 재능을 의미하며 직업적으로 사용할 수 있는 나의 능력이다. 직업을 고려할 때 두 번째 하우스의 사인과 지배 행성 그리고 하우스 안에 행성들은 중요한 역할을 한다.

돈과 소유물에 대한 태도 및 돈과 소유물이 인생에서 어떤 역할을 하는지를 나타내고 소비에 대한 성향을 알 수 있다. 돈과 소유물은 나에게 어떠한 안정감을 주는지도 나타낸다. 돈과 소유물을 어떻게 투자하고 관리하는지의 성향도 보여 준다.

정신적으로 나의 가치와 자존감을 의미하며 자신의 취향과 무엇에 가치를 두는가를 알 수 있다.

예술적 공감 능력과 재능 그리고 자신의 관능미를 나타내기도 한다.

하우스 내의 행성

아래 빈 칸을 채워 보자.

태양	
달	
수성	
금성	
화성	
목성	
토성	
카이런	
천왕성	
해왕성	예술적, 영적, 창의적인 능력. 돈과 소유물에 관심이 없을 수 있어 꼼꼼하고 체계적인 재정 관리가 필요할 수 있다. 자신의 아름다움을 위한 소비 또는 그림, 예술품 등에 투자할 수도 있다.
명왕성	

3) 세 번째 하우스(3rd House)

조합	뮤터블, 공기, 쌍둥이 자리, 수성		
모드	뮤터블(케이던트) 하우스		
그룹	개인적 하우스, 관계의 하우스		
전통적 이름	커뮤니케이션 하우스		
영역	우리의 주변 환경과의 관계		
키워드	커뮤니케이션 쓰고 말하기 이웃 호기심	조기 교육 현실적 생각 단거리 여행 언어	교육 형제자매 네트워킹 정보와 아이디어

타인과 소통하고 교류하는 방식을 나타내며 쓰고 말하는 스타일을 보여 준다. 개인이 원하는 학습 환경과 교육 방식을 알 수 있으며 언어의 발달과 생각의 형성 그리고 쓰고 말하기와 개인적인 견해와 생각을 표현하는 방식 등을 어떻게 발전시켜야 하는지를 알 수 있다.

형제자매와의 관계 및 영향력을 의미하며 형제자매 관계에서 자신이 어떠한 역할을 하는지를 알 수 있다.

어린 시절 친구 관계 및 교우 관계의 영향력을 알 수 있다. 즉, 처음으로 경험하는 동등한 인간관계를 어떻게 맺는가를 보여 주며 여기에서의 경험은 차후 인간관계에 영향을 미칠 수 있다. 친척과 이웃 등과의 관계가 어떠한지도 의미한다.

세 번째 하우스는 단거리 여행을 의미하기도 하는데, 즉 나의 행동 반경과 주변 사람들과의 경험 그리고 단거리 여행을 통한 경험과 영향력을 의미한다.

나의 이동 수단을 보여 주는데 예를 들면 세 번째 하우스 경계선이 황소자리이면 안전하고 편안한 이동 수단을 선호할 수 있다.

하우스 내의 행성

아래 빈 칸을 채워 보자.

태양	
달	
수성	
금성	
화성	자기 의견을 열정적, 진취적으로 표현하며 논쟁을 좋아할 수 있다. 자기 의견을 마음껏 표현하는 교육 환경을 선호할 수 있다. 형제자매와의 관계에서 자신이 우선일 수 있으며 친구관계에서 리더의 역할을 할 수 있다
목성	
토성	
카이런	
천왕성	
해왕성	
명왕성	

4) 네 번째 하우스(4th House)

조합	카디널, 물, 게자리, 달
하우스 모드	카디널(앵귤러) 하우스
그룹	개인적, 영혼(Soul)의 하우스. 종결(Ending)의 하우스
전통적 이름	집과 가족의 하우스
영역	내적·외적 기반을 성립
키워드	가족 집 유산 내적 자아	집안의 기원 감정적 안정감 부동산 집안에서의 나의 위치	집안 환경(분위기) 조상 부모 기초, 기반

개인의 가정 환경과 분위기 그리고 개인이 추구하는 안정과 안전감을 의미한다. 자신이 자라 온 가정의 환경과 분위기 또는 자신이 원하는 가정의 환경과 주거의 스타일을 보여 준다. 가족과의 관계를 나타내며 특히 부모와의 관계를 보여 준다(현대 사회에는 다양한 가정의 형태가 존재한다. 그러므로 '네 번째 하우스는 어머니, 열 번째 하우스는 아버지'라는 고정관념보다는 '네 번째 하우스는 가정에서 어머니 역할을 하는 사람, 열 번째 하우스는 아버지 역할을 하는 사람'으로 고려하는 것이 좋을 수 있다).

자신의 안전감과 안정감을 위해 무엇이 필요한지를 알 수 있으며 어떠한 환경과 조건에서 안전감과 안정감을 느끼는지도 알 수 있다.

조상 및 집안의 영향력을 알 수 있으며 조상 및 전통에 대한 자신의 태도와 견해를 보여 주기도 한다.

부동산, 집과 관련이 있으며 네 번째 하우스 영역이 강조되어 있는 개인들은 부동산, 인테리어, 건설 등의 업종에 종사하는 것을 종종 볼 수 있다.

하우스 내의 행성

아래 빈 칸을 채워 보자.

태양	
달	
수성	
금성	
화성	
목성	
토성	보수적이고 전통적이고 뿌리가 단단하고 안정적인 집안 환경. 부모가 엄격하거나 차가울 수 있지만 적절한 교육과 노력의 대가를 알게 해 줄 수도 있다. 스스로 집안을 책임지는 장남의 역할을 할 수 있으며 건설업에 종사할 수 있다.
카이런	
천왕성	
해왕성	
명왕성	가족 간의 관계가 매우 끈끈하고 단결력이 강할 수 있다. 부모가 자녀를 통제하고 집착하는 성향을 보일 수 있다. 집안 분위기가 신중하고 비밀스러울 수 있으며 내가 모르는 집안의 비밀 또는 금기가 있을 수 있다.

5) 다섯 번째 하우스(5th House)

조합	픽스드, 불, 사자자리, 태양		
모드	픽스드(석시던트) 하우스		
그룹	대인 관계의 하우스, 생명의 하우스		
전통적 이름	아이들의 하우스		
영역	자신의 창의적인 표현의 계발과 발전, 아이들과의 관계		
키워드	어린이 투기 창의력 드라마 연애	오락, 놀이 동심 내면의 어린이 사랑의 방식	로맨스 취미 즐거움 쾌락

　다섯 번째 하우스는 개인의 창조력과 창의력을 세상에 어떻게 발산하는가를 보여 준다. 나의 창조력과 창의력을 표현하여 세상에서 박수와 찬사를 받기 원하는 영역이다.

　자신의 자녀 또는 어린이들과의 관계 나타내는데 다섯 번째 하우스 내에 토성 또는 목성이 위치하면 어린이집 원장, 선생님 등의 직업으로 나타나기도 한다.

　나의 어린 시절의 순수함, 꿈, 이상들을 나타내기도 하며 사랑과 로맨스 그리고 연애의 방식을 의미하며 파트너와 즐거움을 어떻게 공유하는가를 보여 준다. 이 영역의 섹스는 즐거움의 섹스이다. 다섯 번째 하우스는 안전한 집(네 번째 하우스)을 떠나 도전과 모험 그리고 가족 이외의 사람들과 관계를 맺는 시작의 하우스이다. 신나고 즐겁고 활력이 있는 영역이며 개인이 추구하는 즐거움, 놀이 방식들을 보여 주고 무엇이 나에게 기쁨을 주는지도 알 수 있다. 위험을 감수한 모험과 투자 또는 도박 성향 등을 의미하기도 한다.

하우스 내의 행성

아래 빈 칸을 채워 보자.

태양	
달	
수성	
금성	
화성	
목성	
토성	
카이런	
천왕성	매우 독창적인 방식으로 자신의 창조성과 창의력을 표현한다. 첨단 과학, 기술, 우주 관련 분야에서 발현될 수 있다. 아이들과 친구 같은 관계를 선호할 수 있으며 연애에서 자신만의 시간과 공간이 중요할 수 있다.
해왕성	
명왕성	

6) 여섯 번째 하우스(6th House)

조합	뮤터블, 흙, 처녀자리, 수성		
하우스 모드	뮤터블(케이던트) 하우스		
그룹	대인 관계의 하우스, 물질의 하우스		
전통적 이름	하인(Servant)의 하우스		
영역	자기 검증과 발전, 일상생활의 일, 건강		
키워드	일 건강, 다이어트 의식, 절차	애완동물 직장 동료 습관	직장 하루 일과 서비스

일과 건강의 하우스이다. 이 하우스에서 의미하는 일은 규칙적이고 일상적인 일을 의미한다(천직은 열 번째 하우스이다). 직장에서 나누게 되는(직장 동료 간의) 관계 또는 서비스 업무가 교환되는 곳에서의 관계(피고용인) 등을 보여 준다.

흙 하우스 중 하나인 여섯 번째 하우스의 경계선 및 하우스 내에 위치한 행성들은 직업적으로 매우 중요하다.

이 영역은 하루하루의 일과를 어떻게 보내는가를 의미한다. 즉, 중심을 잡고 건강하게 살기 위해 매일 해야 할 것이 무엇인가를 보여 준다.

여섯 번째 하우스의 경계선과 하우스 내의 행성들은 스트레스를 많이 받을 때 약해지는 신체의 일부나 내장 기관 등을 나타내며 식이요법이나 식습관에 관하여 어떻게 접근하는가를 보여 주기도 한다.

이 하우스에 서비스는 나를 위한 서비스이다. 즉, 내가 건강하고 의미 있는 일상생활을 하기 위한 나의 웰빙을 위한 서비스이다.

애완동물과도 관련이 있는데 현대적 관점으로 보면 애완동물은 사람의 정신적, 육체적 건강에 도움을 주며 나와 일상생활을 같이하는 반려자의 역할을 하기 때문이다.

아래 빈 칸을 채워 보자.

태양	
달	
수성	출판, 통신, 운송, 언론, 미디어 등 수성이 의미하는 직종에 종사할 수 있으며 동료들과 커뮤니케이션이 중요할 수 있다. 스트레스를 받으면 기관지, 허파, 신경성 질환을 조심해야 하며 정신적 건강이 웰빙에 중요한 요소일 수 있다.
금성	
화성	
목성	
토성	
카이런	
천왕성	
해왕성	
명왕성	

7) 일곱 번째 하우스(7th House)

조합	카디널, 공기, 천칭자리, 금성		
하우스 모드	카디널(앵귤러) 하우스		
그룹	대인 관계의 하우스, 관계의 하우스		
전통적 이름	공공연한 적들의 하우스		
영역	일대일 관계의 하우스		
키워드	파트너십 일대일 파트너 타인에 의한 자각 계약 또는 법률	결혼, 이혼 남편, 부인 친한 친구 공공의 적	협업, 동업 비즈니스 파트너 상담, 상담가 그림자 이미지

관계를 볼 때 가장 중요한 디센던트(D.C)가 있는 하우스이다. 일대일 관계, 친한 친구, 배우자, 동업자 등과의 관계를 의미한다.

이 영역의 관계는 공평하고 동등하게 주고받는 관계이며 계약의 관계이다.

일곱 번째 하우스 경계선 사인과 하우스 내의 행성들은 내가 원하는 파트너의 모습을 보여 준다. 특히 나의 디센던트 사인과 파트너의 어센던트 또는 태양 또는 달 사인이 같을 때 서로에게 호감을 갖는 경우가 많다(남자 차트에서 금성 사인, 여자 차트에서 화성 사인이 파트너의 이상형이라는 이론보다는 디센던트 사인이 더 중요하다).

양자리 하우스인 첫 번째 하우스가 '나'의 이미지라면 천칭자리 하우스인 7번째 하우스는 '너'의 이미지이다. 즉, '당신은 무엇을 원하는가?'를 묻는 하우스이다. 그래서 7번째 하우스가 강조되어 있는 사람은 타고난 상담가 기질을 갖고 있을 수 있다.

누군가와 동업을 할 경우 어떠한 파트너를 원하는지 어떠한 비즈니스를 동업으로 하면 좋을지 등을 보여 주기도 한다.

이 하우스에서 의미하는 그림자 이미지란 정신적으로 내가 타인에게 투영하여 보는 나의 이미지, 즉 거울에 반사된 나의 모습이다. 쉽게 풀이하면 관계를 통해서 알게 되는 나의 모습이며 내가 매력을 느끼는 것을 다른 사람에게 투영하여 인식하기도 한다.

연습 문제 하우스 내의 행성

아래 빈 칸을 채워 보자.

태양	
달	
수성	
금성	
화성	
목성	일대일 관계에서 낙천적이고 활동적이며 교육 수준이 높은 파트너를 원할 수 있다. 외국인과 관계를 맺을 수도 있으며 파트너와 여행, 스포츠, 교육, 철학 등을 공유하기 좋을 수 있다. 외국 관련 사업, 교육 사업 등을 파트너십으로 할 수도 있다.
토성	
카이런	
천왕성	
해왕성	
명왕성	

8) 여덟 번째 하우스(8th House)

조합	픽스드, 물, 전갈자리, 화성, 명왕성		
하우스 모드	픽스드 하우스		
그룹	대인 관계의 하우스, 종결(Ending)의 하우스		
전통적 이름	죽음의 하우스		
영역	친밀한 관계를 통한 개인의 변신과 변형, 숨겨진 나의 자원		
키워드	친밀한 관계 자원의 공유 깊은 이해 상속(유언과 유산)	섹스 재정의 공유 종결 세금	결속/결합 취향의 공유 죽음 비밀과 미스터리

친밀한 관계를 의미하는 하우스이다. 일곱 번째 하우스가 공평하고 동등하고 계약적인 관계의 하우스라면 여덟 번째 하우스는 서로가 모든 것을 숨김없이 공유하는 매우 친밀한 관계를 의미한다. 부부 관계라도 절대적인 신뢰와 비밀이 없는 관계를 의미하고 사업 파트너 역시 회사 통장과 도장을 믿고 맡길 수 있는 파트너를 의미한다.

이런 친밀한 관계에서 서로의 자원과 재원을 어떻게 공유하는지를 보여 준다. 또한 파트너의 영향력을 의미하기도 하는데 친밀한 관계의 파트너의 재산, 직업, 지식 등의 공유가 나에게 미치는 영향력을 보여 준다.

가족의 하우스 중 하나인 여덟 번째 하우스는 내가 물려받는 정신적, 물질적 유산을 의미하기도 한다(보통 부모에게서 물려받는다). 8번째 하우스에 태양 또는 달이 위치한 개인은 부모의 가업을 물려받을 수도 있다.

이 하우스에서 의미하는 섹스는 즐거움의 섹스보다는 친밀감의 확인을 위한 섹스일 수 있다.

여덟 번째 하우스 영역이 강한 개인의 성향이나 성격은 친해지기 전까지 알기 쉽지 않다. 이들은 수면 밑의 세계, 커튼 뒤에 숨겨진 진실을 알고 싶어 한다. 또한 깊은 이해력과 공감 능력을 지니고 있으며 조사 및 탐구 능력이 뛰어날 수 있다. 심리, 죽음, 오컬트, 섹스, 미스터리 등에 관심이 많을 수 있다.

여덟 번째 하우스 내의 행성들은 비밀스럽고 개인적이고 나의 내면에 깊숙하게 숨겨 놓은 자원일 수 있다. 그러므로 이 행성들은 의식적으로 꺼내서 사용하는 것이 좋다. 또한 이 행성들의 에너지를 의식적으로 컨트롤하여 집중적으로 사용한다면 한 분야에서 큰 업적을 이룰 수 있다.

여덟 번째 하우스는 내가 집착하는 무엇인가를 암시하는데, 이것에 대한 집착을 버리고 떠나보낸다면 과거의 모습보다 더 나은 새로운 모습으로 변형할 수 있다.

연습 문제 **하우스 내의 행성**

아래 빈 칸을 채워 보자.

태양	혼자 있을 때보다 누군가와 친밀한 관계를 맺고 있을 때 더 발전할 수 있다. 자신의 정체성을 쉽게 드러내지 않으며 신중하고 조심스러운 성향을 보일 수 있다. 아버지 또는 아버지 쪽의 누군가에게 유산 또는 일을 물려받을 수 있다.
달	
수성	
금성	
화성	
목성	
토성	
카이런	
천왕성	
해왕성	
명왕성	

9) 아홉 번째 하우스(9th House)

조합	뮤터블, 불, 사수자리, 목성		
하우스 모드	뮤터블(케이던트) 하우스		
그룹	개인의 한계를 초월한 하우스, 생명의 하우스		
전통적 이름	긴 여정, 여행의 하우스		
영역	인생의 의미와 진실을 찾아가는 여정		
키워드	믿음, 진실 진실의 탐구 가치관, 이상 이국적 경험 외국인과의 관계	종교와 철학 고등 교육 법과 윤리 자유, 탐구 장거리 여행	형이상학 출판 영감, 아이디어

친숙하고 안전한 환경을 떠나 모험과 여행을 통하여 인생의 의미와 진실을 추구하는 영역이다. 교육, 철학, 종교 등을 통하여 찾을 수도 있고 외국 문화와 외국인과의 교류를 통하여 찾을 수도 있다.

아홉 번째 하우스는 자신의 정신세계의 재탄생을 의미하기도 하며 자신과 자신이 살고 있는 세계의 이해를 넓히기 위해 장거리 여행을 떠나기도 한다.

자신의 경험과 지식, 철학을 토대로 타인의 인생의 지평을 넓히고 성장하는 것을 돕는 교사, 교수, 성직자 등이 되기도 하며 논문, 출판 또는 미디어 등을 이용하여 전파하기도 한다.

정의, 도덕, 윤리의 하우스이기도 한데 이 영역이 발달된 개인은 법률가 또는 판사가 되는 경우도 있다.

아홉 번째 하우스는 개인의 관계를 떠나 더 넓은 세계로 떠나는 첫 번째 하우스이다. 이 하우스 내의 행성들의 에너지는 비전과 이상을 갖고 자유롭게 세상 밖으로 표현하는 것이 바람직하다.

하우스 내의 행성

아래 빈 칸을 채워 보자.

태양	
달	
수성	
금성	다른 문화권의 파트너. 외국인과의 관계, 여행, 교육, 철학, 종교 등을 통하여 자신의 가치관을 확립할 수 있다. 이국적인 취향, 이국적인 미적 감각의 소유자, 국가 간의 중개인, 중재자의 역할을 할 수도 있다.
화성	
목성	
토성	
카이런	
천왕성	
해왕성	
명왕성	

10) 열 번째 하우스(10th House)

조합	카디널, 흙, 염소자리, 토성		
하우스 모드	카디널(앵귤러) 하우스		
그룹	개인의 한계를 넘어선 하우스, 물질의 하우스		
전통적 이름	직업의 하우스		
영역	대중에 보여지는 이미지, 명예와 지위		
키워드	직업, 전문 분야 직업의 추구 권위자 사회적 아버지	명예 목표 부모 사회 활동의 기대	야망 사회적 지위 법

미디엄 코엘리(M.C)가 포함되어 있는 열 번째 하우스는 나의 천직과 사회적인 지위를 의미하는 하우스이다. 네 번째 하우스는 집에서 자신의 지위와 역할을 나타낸다면 10번째 하우스는 사회에서 자신의 지위와 역할을 나타낸다. 이 하우스가 의미하는 천직은 단순히 먹고 살기 위한 직업이 아니라 하늘에서 내려준 계시와 같은 직업이며 진정으로 자신이 세상에 기여하고 싶은 역할을 의미한다. 사회적 책임과 의무를 어떻게 자율적으로 이행하는지를 보여 주기도 한다.

자신의 명성과 야망을 세상의 어느 분야에서 어떻게 성취하는가를 나타내며 윗사람, 권위자와의 관계와 경험 그리고 스스로 권위자가 되기 위한 계획과 과정도 보여 준다.

천직과 사회생활에 미치는 부모님의 영향력과 부모님이 자신에게 기대하는 사회적인 모습을 의미하기도 한다. 만일 열 번째 하우스 경계선이 게자리이거나 달이 하우스 내에 위치하면 어머니의 영향력이 강할 수 있다.

사회적 성공을 이루면 외롭고 혼자일 수 있다. 이러한 외로움과 고립감은 자신의 성공을 사회에 공헌하고 베푸는 과정을 통해 해소될 수 있다.

하우스 내의 행성

아래 빈 칸을 채워 보자.

태양	
달	
수성	
금성	
화성	
목성	
토성	
카이런	평범하지 않은 직업군에 종사할 수 있다(약초, 대체의학, 점성학, 자연요법 의사 등). 사회에서 격리되고 권리를 박탈당한 사람들을 위해 일할 수 있으며 외국인 또는 외국과 관련된 직업을 가질 수 있다. 선생님, 멘토의 역할을 하기도 한다.
천왕성	
해왕성	
명왕성	

11) 열한 번째 하우스(11th House)

조합	픽스드, 공기, 물병자리, 토성, 천왕성		
하우스 모드	픽스드(석시던트) 하우스		
Group	개인의 한계를 넘어선 하우스, 관계의 하우스		
전통적 이름	친구들의 하우스		
영역	사회적 관계와 이상		
키워드	친구들, 동료 박애주의 인도주의자 민주주의	그룹, 단체 전체적인 인식 사회 활동	희망과 소망 공동체 공동의 목표

열한 번째 하우스는 가족 이외의 그룹을 인정하고 그 그룹에 소속되는 경험을 의미한다. 사회적 활동을 어떻게 영위하고 어떠한 그룹에 소속되고 싶어하는지를 나타낸다. 이 하우스는 일대일 관계 또는 소모임의 관계보다는 큰 그룹 속에서 내가 경험하는 관계를 나타낸다. 학창 시절 내가 어떠한 동아리에서 활동하였는지 어른이 되어서는 어떠한 동호회에 가입을 하였는지를 생각해 보면 된다. 다섯 번째 하우스와 반대 위치인 열한 번째 하우스는 개인의 창의력을 공동체와 공유하고 내가 소속된 그룹의 발전을 도모하는 데 사용하는 것을 의미한다.

이 하우스는 소망, 희망, 평등주의 등을 의미하기도 하는데 개인적인 개념보다는 인도적이고 민주적인 공동체에 대한 이상과 비전을 나타낸다.

나의 정치적 성향 및 지지하는 정당의 성향도 엿볼 수 있으며 이 하우스가 강조되어 있는 개인은 정치가가 되기도 한다.

개인의 독창성과 정체성을 잃지 않고 큰 조직에 일원이 될 수 있는가를 생각해야 하며 자신만의 독창적인 방법과 방식으로 공공의 정신을 진보시키는 데 참여해야 한다.

연습 문제 하우스 내의 행성

아래 빈 칸을 채워 보자.

태양	
달	
수성	
금성	
화성	
목성	
토성	그룹을 조직하고 체계화하기를 원하며 그 그룹에서 리더나 권위자가 되고 싶어 한다. 그룹에서 책임감과 의무감을 가지고 맡은 임무를 수행한다. 보수적이고 전통적인 그룹에 관심이 많을 수 있으며 현실적인 이상과 희망을 갖기를 원할 수 있다.
카이런	
천왕성	
해왕성	
명왕성	

12) 열두 번째 하우스(12th House)

조합	뮤터블, 물, 물고기 자리, 목성, 해왕성		
하우스 모드	뮤터블(케이던트) 하우스		
그룹	개인의 한계를 넘어선 하우스, 종결(Ending)의 하우스		
전통적 이름	숨겨져 있는 재능과 카르마의 하우스		
영역	상상력과 연결된 집단무의식		
키워드	감금된 장소나 기관 집단무의식 고립과 후퇴 가족력	꿈 상속, 계승 세대별 유형 영적인 자각	숨겨진 힘 헌신, 희생 초월

전통적으로 고립, 후퇴, 격리의 의미를 가지고 있는 하우스이며 제약되고 속박된 기관 또는 장소를 의미하기도 한다. 인생에서 고립, 도피 및 칩거의 경험, 외로움의 경험, 보이지 않는 존재와 경험 등을 의미하기도 한다.

현대 점성학에서는 꿈의 세계, 무의식의 세계, 자신의 숨겨진 재능, 상상력, 창의력, 대가 없는 봉사 등의 의미를 강조한다.

여섯 번째 하우스가 일상, 현실의 하우스라면 열두 번째 하우스는 꿈과 이상의 하우스이다. 즉, 나의 상상력과 창의력을 보여 주는 하우스이다. 이러한 상상력과 창의력으로 자아를 회복하고 꿈과 창의력을 잃은 집단을 구원해 줄 수도 있다.

열두 번째 하우스가 강조되어 있는 사람은 연기자, 예술인, 종교인 등이 되거나 봉사 단체, 종교 단체와 관련된 직종 또는 격리되고 속박된 기관(교도소, 요양시설 등)에서 격리되고 소외된 사람을 돌보는 일을 하기도 한다.

태양 사인이 양자리이고 열두 번째 하우스에 위치한 개인은 평소에는 자기 자신의 정체성을 적극적으로 나타내 보이지 않을 수 있다 그러나 열두 번째 하우스 영역에서 그들의 양자리 성향이 강하게 나타날 수 있다. 총탄이 날아다니는 전쟁터에서 위험을 감수하고 부상자를 구출하고 치료하는 사람들 또는 위험을 감수하고 오지에서 선교하는 종교인 또는 무대에서 창의력과 상상력을 적극적으로 발산하는 예술인 등을 예로 들 수 있다.

열두 번째 하우스는 조상을 의미하기도 하는데 조상의 카르마가 무엇이고 어떻게 해결하는가를 알 수 있다. 만일 토성이 위치하고 있다면 아마도 조상 대대로 사회에서 명예를 얻고 권위자가 되고 싶은 열망을 아직까지는 이루지 못하였기에 나의 세대에서 해결하라는 의미일 수 있다.

열두 번째 하우스는 정신적, 유전적, 만성적 건강을 의미하기도 한다. 하우스 경계선의 사인, 지배 행성의 사인 그리고 하우스 내의 행성들이 의미하는 건강을 주의하여야 한다.

연습 문제 하우스 내의 행성

아래 빈 칸을 채워 보자.

태양	
달	
수성	상상력과 창의력을 발휘하여 자신의 생각을 글이나 시 또는 그림 등으로 잘 표현할 수 있고 『해리포터』, 『피터팬』 등의 상상력을 자극하는 책 또는 영화들을 선호하는 경향이 있다. 이들은 대화를 통해 격리된 사람들을 도와줄 수도 있으며 픽션 분야의 시나리오 작가 또는 영성, 종교 서적 및 출판물 등에 관련된 일을 할 수도 있다.
금성	
화성	
목성	
토성	
카이런	
천왕성	
해왕성	
명왕성	

제이크 이야기

제이크는 설현이와 연애하는( ) 꿈( )에서 일어나서 가장 좋아하는 옷을 멋지게( ) 차려 입고 사랑하는 강아지 터그, 봉자( )와 교감을 나누고 집을( ) 나왔다. 집을 앞에서 우체부( ) 아저씨에게 소포를 받았는데 소포 내용물은 건강식품( )이었다. 제이크는 이웃( )과 마주쳤고 이웃집 강아지( ) 봉봉이와도 인사를 나누었다. 제이크는 동네 골목길( )을 거닐고 있었는데 마침 가판대에서 해외여행 잡지( )와 동네 벼룩시장 신문을( ) 구매하였다.

제이크는 평소 잘 알고 있던 동네( ) 여행사에 들러 태국 여행( ) 비행기 표와 호텔을 예약했다. 제이크는 친구들과 태국으로( ) 대학 동창들과( ) 골프 여행을 가기로 했었다.

그러나 그의 여자 친구( )는 자기와 같이 안 간다고 화가 나 있었다. 제이크는 그의 여자 친구에게 여행 다녀와서 같이 놀아 줄 것을( ) 약속했고 둘만의 친밀한( ) 관계를 발전시킬 것을 약속했다.

제이크는 사실 매일 반복되는 일상( )에서 탈출( )하고 싶어 했다. 틀에 박힌 직장 생활( ), 특히 그의 사장( )으로부터 벗어나고 싶어 했다. 제이크는 직장 동료들( )과도 잘 지냈고 직장에서 맡은 일도( ) 꽤 잘하였다. 그러나 그는 자신의 가치( )를 제대로 인정받지 못하고 있다고 생각해서 급여 인상( )을 요구했고 직급( )의 승진 또한 요구하였다. 사실 제이크가 입사하고부터 회사의 자금 사정( )이 매우 좋아졌다. 이러한 요구를 사장님( )이 수용하여 보너스를 받고 해외 여행( )을 가게 되었다.

사실 제이크는 얼마 전에 집에서( ) 유산( )을 물려받았다. 제이크는 일부는 부동산( )에 투자하였고 일부는 점성학 공부를 위해 해외 세미나( )에 사용하기로 했다. 반면 여동생( )은 받은 유산( )으로 자녀들( ) 대학( ) 등록비와 주식에 투자를 하였다.

제이크는 해외 세미나에서 많은 친구들( )을 만나고 싶어 했고 화끈한 연애( )도 내심 기대했다. 그는 그의 여자 친구와 결혼( )하고 가정( )을 꾸리고 아이들을( ) 갖기 전에 마지막 일탈을 꿈꾸었다.

제이크의 부모님들은 매우 사회적( )인 분들이다. 어머니는( ) 음식점 사장님( )이고 아버지( )는 유명한 예술가( )이다. 제이크는 부모님의 정신적, 물질적 유산이( ) 자기 자신을( ) 지지해 주며 본인의 자존감( )에도 큰 영향을 미쳤다고 생각한다.

제이크는 해외 세미나( )를 다녀온 후 점성학에 매료되어 자기 자신( )을 위해 유산( ) 중 일부를 점성학 공부를 위해 사용하기로 했다. 그는 점성학자( )가 되고 싶었다. 그에게는 매우 깊은 변형( )의 시도였고 인생의 도박( )이었다. 그는 직장( )을 그만두고 점성학 공부에 매진하였고 결국 자기의 점성학 센터( )를 오픈하였고 상담( )과 점성학 교육( )의 일을 하게 되었다.

* 하우스 퀴즈 답

5, 12, 5, 6, 4, 3, 6, 3, 6, 3, 9, 3

3, 9, 9, 11, 7, 5, 8

6, 12, 6, 10, 6, 6, 2, 2, 10, 2, 10, 9

4, 8, 4, 9, 3, 8, 5, 9, 11, 5, 7, 4, 5

11, 4 or 10(부모님 중 어머니 역할을 하는 사람은 4, 하우스 아버지 역할을 하는 사람은 10하우스), 6 or 10, 4 or 10, 5 or 12, 8, 1, 2

9, 1, 8, 10, 8, 5, 6, 10, 7, 9

Part 5.

각도(Aspects)

각도는 차트 해석에서 가장 중요한 요소 중 하나이다. 각도는 행성들끼리 어떠한 영향력을 미치고 어떻게 발전시키는지를 알 수 있다.

행성의 사인은 성질을 부여하지만 각도는 성격을 부여한다. 같은 사자자리 사인의 태양이더라도 어떠한 행성과 각을 맺고 있는지에 따라 성격과 특성이 다르게 발현된다. 예로 태양이 사자자리인 사람이 토성과 각을 맺고 있으면 사자자리 사인 성향보다 토성의 영향력이 강하게 나타날 수 있다.

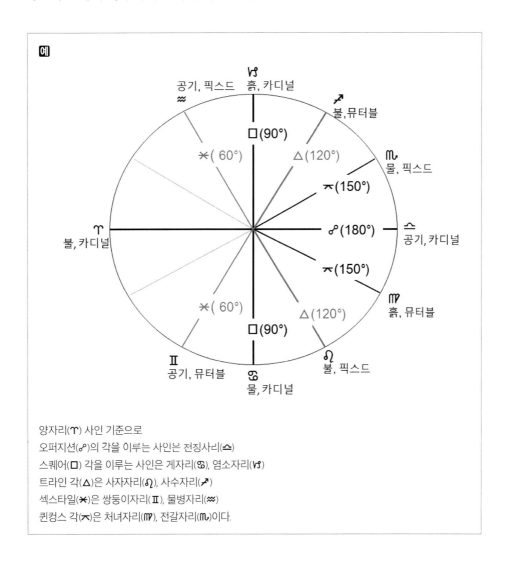

양자리(♈) 사인 기준으로
오퍼지션(☍)의 각을 이루는 사인은 천칭사리(♎)
스퀘어(□) 각을 이루는 사인은 게자리(♋), 염소자리(♑)
트라인 각(△)은 사자자리(♌), 사수자리(♐)
섹스타일(✶)은 쌍둥이자리(♊), 물병자리(♒)
퀸컹스 각(⚻)은 처녀자리(♍), 전갈자리(♏)이다.

편차 범위(오브)

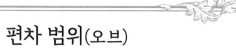

기호	이름	각도	오브(편차)	의미
☌	컨정션	0°	8°	결합
☍	오퍼지션	180°	8°	균형, 시소
□	스퀘어	90°	7°	도전, 충돌, 압박
△	트라인	120°	6°	조화, 재능, 선물
✳	섹스타일	60°	4°	기회, 보충, 촉진
⚻	퀸컹스	150°	3°	조정, 조율, 억제

　　행성들 간에 이루는 각도의 허용 범위이다. 이 편차 범위는 점성학자마다 다를 수 있으며 행성마다 다르게 적용하는 점성학자들도 있지만 위의 표에서 보여 주는 편차 범위는 많은 점성학자들이 사용하는 편차 범위이다.

예 1

태양이 황소자리 10°라고 가정하면 컨정션(☌)은 황소자리 2°부터 18° 내에 있는 행성들은 컨정션(☌)이라 한다.

달이 사자자리 20°라고 가정하면 황소자리 또는 전갈자리 13°에서 27° 사이에 있는 행성들은 스퀘어(□)를 이룬다고 할 수 있다.

예 2

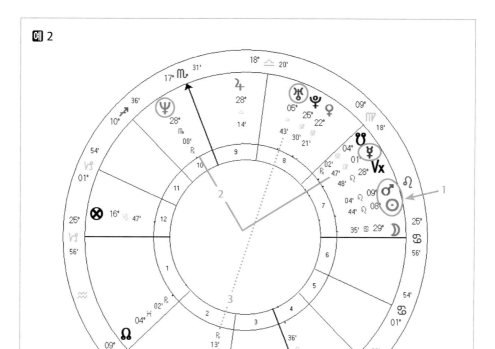

위의 차트를 보면 태양과 화성이 약 0° 20'의 편차로 컨정선(1번), 해왕성과 수성이 약 3° 40' 편차로 스퀘어 (2번), 천왕성과 카이런이 약 4° 30' 편차로 오퍼지션(3번)을 이루고 있는 것을 알 수 있다.

각도 해석

1) 외행성(카이런, 천왕성, 해왕성, 명왕성)과 내행성(태양, 달, 수성, 금성, 화성)이 각도를 맺을 경우 외행성이 강력한 영향력을 주며 우선적이다.

2) 사회적 행성(토성, 목성)과 내행성의 각도를 고려한다. 특히 토성은 외행성만큼 영향력이 있다.

3) 내행성 간의 각도는 서로 영향을 주며 이 경우에는 행성의 사인이 중요하다. 그 중 화성은 예외로 두는 경우도 있다. 예로 화성과 달이 각도를 이룰 때 만일 화성이 힘을 받지 못하는 사인(천칭자리 등)인지를 잘 살펴서 해석해야 한다.

4) 영향력

컨정션(☌) > 오퍼지션(☍) > 스퀘어(□) > 트라인(△) > 퀸컹스(⚻) > 섹스타일(✶)

외행성(천왕성, 해왕성, 명왕성) > 카이런, 토성 > 목성 > 내행성

5) 가까운 편차 범위(오브)가 영향력이 강하다. ☉☌♆(1°오브) > ☽☌♆(6°오브)

6) 달의 각도는 매우 중요하다. 달은 어릴 때 환경, 어머니와의 관계, 집, 가족, 식습관, 안전함을 느끼는 마음과 장소, 내면의 감정 등을 의미한다. 주의 깊게 볼

필요가 있다.

7) 4개의 앵글(A.S, M.C, D.C, I.C)에 컨정션(☌)이거나 가까이 위치하고 있는 행성들은 매우 중요하다.

8) 스퀘어(□)는 나쁘다, 트라인(△)은 좋다는 이분법적인 해석 방식을 주의해야 한다.

9) 많은 각도를 보기보다는 컨정션(☌), 오퍼지션(☍), 스퀘어(□) 각도에 집중하는 것이 바람직하다.

5개의 중요한(Major) 각도

1) 컨정션(Conjunction 0°) 8° 오브 ♂

강조됨, 집중됨, 밀집됨, 합류됨, 하나가 됨, 결합됨, 에너지가 하나로 모임, 동맹의, 관점의 공유(Emphasis, Focus, Concentrate, Fusing, Merging, Unifying, Joining, Energies married together, Allied, Shared perspective) 등

두 개의 에너지가 결합된 형태이다. 본능적이고 주관적인 각도이다. 주관적인 성향으로 자기 자신은 잘 인식하지 못하거나 당연하게 생각할 수 있지만 타인들은 알아본다. 외행성과 내행성과의 컨정션은 개인에게 큰 영향을 미칠 수 있으며 컨정션을 이루고 있는 행성들이 위치하고 있는 하우스 역시 중요하게 볼 필요가 있다.

객관적으로 컨정션의 에너지를 인식하고 사용해야 할 필요가 있다. 영향력을 주는 행성의 에너지와 사인을 고려하여 긍정적으로 협업하여 사용해야 한다.

예 1

달과 천왕성이 컨정션(♂)이면 천왕성의 망토 안에 달이 감싸여 있는 듯한 영향이다. 천왕성과 컨정션(♂)을 이룬 달과 토성과 컨정션(♂)을 이룬 달은 매우 다른 성격을 띤다.

예 2

물병자리 수성이 토성과 컨정션(♂)을 이루고 있다면 두 개의 다른 성향의 에너지가 융합되어 수성에게 영향을 미친다. 긍정적으로 사용하면 나만의 독특하고 미래 지향적이고 참신한 생각을 규칙과 규범에 맞게 현실적이고 생산적으로 사용할 수 있다. 부정적으로 표출될 경우는 고집스럽고 까다롭고 부정적이며 타협하기 힘든 생각의 소유자일 수 있다.

2) 오퍼지션(Opposition 180°) 8° 오브 ☍

인식, 반대의, 투영, 투사, 동등, 분석, 검토하는, 반목하는, 균형을 잡히게 하는, 균형을 만드는(Awareness, Contradiction, Projection, Equality, pulling apart, At Odds, Counter-balance, Creating Symmetry) 등

오퍼지션은 동일한 모드(Modality)와 동일한 극성(+ 또는 -)의 사인으로 연결된다.

> **예**
>
> 양자리(+, 카디널) ☍ 천칭자리(+, 카디널), 황소자리(-, 픽스드) ☍ 전갈자리(-, 픽스드)

시소 같은 영향을 의미하며 오퍼지션을 이루고 있는 행성들은 균형과 조화를 찾아야 한다. 인식하지 못하면 극단적으로 왔다갔다할 수 있으므로 자각하고 객관화하는 것(Awareness and Objective)이 중요하다. 특히 사람들과의 관계에서 많이 나타날 수 있다.

> **예**
>
> 태양과 토성이 오퍼지션(☍)을 이루면 때에 따라 토성의 긍정적인 영향과 부정적인 영향이 표현될 수 있다. 즉, 어떤 때는 책임감 있고 진중하고 현실적인 성향을 보이다가 어떤 때는 비관적이고 우울하고 차갑고 지배하려는 성향이 나타날 수 있다. 그러므로 한쪽으로 치우치지 않게 중심을 잡는 것이 중요하다. 관계에서 토성과 같은 성향의 사람들에게 끌릴 수 있다.

3) 스퀘어(Square 90°) 7° 오브 □

도전, 긴장, 마찰, 충돌, 위기, 갈등, 다이내믹한, 동기 부여(Challenge, Tension, Friction, Crisis, Creative Conflict, Dynamic, Motivation) 등

스퀘어(□)는 보통 반대 성향의 원소와 동일한 모드(Mode)로 각을 이룬다. 즉, 매우 다른 성향인 듯하지만 같이 공유하는 무엇인가가 있다.

예

양자리(불, 카디널) □ 염소자리(흙, 카디널) 또는 게자리(물, 카디널), 황소자리(흙, 픽스드) □ 물병자리(공기, 픽스드) 또는 사자자리(불, 픽스드)처럼 다른 성향의 원소와 같은 모드로 각을 이룬다.

도전, 긴장, 위기, 갈등, 충돌 등의 의미를 갖는다. 매우 강한 스트레스, 긴장감, 압박감 등을 느낄 수 있으며 에너지의 영향을 인식하지 못하면 부정적인 측면이 먼저 나올 수 있다. 그러나 매우 강한 에너지 흐름이기 때문에 그 에너지 흐름을 인식하여 긍정적으로 사용한다면 매우 강한 동기부여와 추진력을 얻을 수 있다.

많은 점성학자들은 스퀘어(□) 각을 성공의 각이라고 한다. 인생의 위기 뒤에 오는 기회와 도전과 갈등을 극복하는 힘을 의미하기 때문이다.

예

화성과 해왕성이 스퀘어(□)를 이룰 경우, 운동과 움직임을 싫어할 수 있고 의지가 약할 수 있으며 인생의 목표가 방향성을 잃거나 이루지 못할 목표를 추구할 수 있다. 그러나 이 에너지 흐름의 특징을 인식하고 긍정적으로 사용한다면 자신의 운동력을 창의적이고 예술적으로 사용할 수 있고 자신의 꿈을 이루기 위하여 전진하며 자신의 창의력과 상상력을 전파하고 타인을 돕는 일에 솔선수범할 수도 있다. 실제로 크리스티아누 호날두, 데이비드 베컴, 비너스 윌리엄스 등이 화성과 해왕성이 스퀘어(□)를 이루고 있다.

4) 트라인(Trine 120°) 6° 오브 △

융합, 자연스러운 제휴, 연합, 재능과 능력, 당연하게 여기는, 편안한 연합, 연결고리(Blending, Flowing, Affiliation, Combining, Talent and Skills, Taken for granted, Easy association, Interlink) 등

트라인은 앞뒤로 사인 4개를 건너 각을 이룬다. 즉, 같은 원소끼리 각을 이룬다.

> **예**
>
> 양자리(불) △ 사자리(불) 또는 사수자리(불), 게자리(물) △ 전갈자리(물) 또는 물고기자리(물)

조화롭고 서로에게 도움을 주고 협력하는 에너지이다. 이미 본능적으로 가지고 있는 능력 또는 물려받은 재능을 의미한다. 남들은 어렵게 생각할 수 있는 것을 본인은 쉽게 할 수 있다. 그러나 자기 자신은 이러한 재능이 있는지를 인식하지 못하거나 당연시하여 발전시키지 못할 수 있다. 그러나 성향이 다른 행성끼리(태양-토성, 수성-해왕성 등) 트라인(△)일 경우 여전히 힘들게 느껴질 수 있지만 많은 선택권이 있을 수 있고 힘든 일이나 경험이 본인에게는 더 나은 기회를 제공할 수 있다.

> **예**
>
> 달과 천왕성이 트라인(△) 각을 이룰 경우 어린 시절에 어머니 또는 가족들로 부터 일찍 독립할 수 있다(기숙사, 유학, 부모의 이혼 등). 그러나 이러한 상황은 그 개인의 독립성과 자율성 형성에 도움을 줄 있으며 자신만의 시간과 공간 확보는 감정적 안정감에 긍정적인 영향을 줄 수 있다.

5) 섹스타일(sextile 60°) 4° 오브 ✶

기회, 연합, 제휴, 보강 또는 수월함(Opportunity, Affable, Combining, Reinforcing, or Facilitating) 등

섹스타일은 앞뒤로 사인 2개를 건너 각을 이룬다. 불-공기/물-흙 원소로 각을 이룬다.

예

황소자리(흙) ✶ 게자리(물) 또는 물고기자리(물), 사수자리(불) ✶ 물병자리(공기) 또는 천칭자리(공기)

조화로운 흐름의 에너지이다. 기회를 만들 수 있고 협력적인 에너지 교환을 의미하며 서로 도와주며 사기를 높여 주는 효과를 기대할 수 있다. 그러나 트라인(△)과는 달리 자신이 의식적으로 에너지를 사용해야 한다.

6) 퀸컹스(Quincunx 150°) 3° 오브 ⊼

조정, 긴장, 선택, 방해, 분리, 새로운 진출, 방향 전환(Adjustment, Strain, Making Choices, Going off track, Separation, Interruption, Branching out, Redirection) 등

퀸컹스는 앞뒤로 사인 5개를 건너 각을 이룬다. 성향이 다른 원소와 모드로 각을 이룬다. 불-흙, 불-물, 공기-흙, 공기-물. 카디널 모드와 픽스드 모드 또는 뮤터블 모드와 연결된다.

양자리(불, 카디널) ⚻ 처녀자리(흙, 뮤터블) 또는 전갈자리(물, 픽스드). 두 에너지를 어떻게 조정(djustment)하느냐의 문제로서 선택을 요구한다. 압박받는 느낌, 감정적 스트레스, 억압의 느낌 등을 의미하며 연결된 두 행성의 에너지를 조정하여 해결의 방법을 찾아야 한다. 무의식적인 흐름이지만 의식적으로 생각해야 한다.

사람 또는 사건 등이 내가 할 수 없었던 일과 생각을 바꾸게 한다(집에만 있는 사람이 다른 사람의 조언이나 사건을 통해 바깥세상을 경험한다).

스퀘어(□)와 비슷한 영향력과 느낌이지만 스퀘어(□)보다는 스트레스와 압박은 덜하다. 스퀘어와 함께 건강을 고려할 때 중요하게 본다.

각도의 패턴(Aspect Patterns)

각도의 패턴은 약 8가지 정도 있다. 이들 중에서 가장 중요한 4개의 패턴을 기술하려 한다. 각도의 패턴 중 특히 스텔리움(Stellium), 티-스퀘어(T-Square), 그랜드 크로스(Grand-Cross) 패턴은 차트 해석 시 매우 중요하다. 그 차트에 50% 이상의 영향력을 미친다.

1) 스텔리움(The Stellium)

스텔리움은 3개 이상의 행성이 컨정션(☌)을 이루고 있는 형태이다. 매우 주관적이고 집중적인 에너지이기에 스텔리움이 위치하는 하우스와 사인은 점성학자가 확실히 자세하게 들여다볼 영역이다. 이 하우스 영역과 사인은 개인의 모든 인생에 중요한 영향을 미치며 특히 직업을 고려할 때 중요하다. 많은 계란이 담긴 한 바구니와 같은 스텔리움은 항상 동기, 집중, 목적을 제공한다.

외행성이 포함된 스텔리움의 경우 외행성의 영향력을 우선적으로 고려해야 한다.

8° 내외로 근접한 행성들의 배치는(엄밀히 말해 서로 컨정션을 이루지 않더라도) 스텔리움으로 정의한다. 가장 확실한 예는 모든 행성이 같은 8° 내에 모여서 모든 행성이 컨정션(☌)을 이룰 때이다. 하나의 에너지로 뭉쳐 있는 것은 축복이자 저주인데 축복이라 함은 뚜렷한 몇 개의 목적을 가지고 집중할 수 있다는 것이고 저주라 함

은 개인의 인생과 견해가 좁아지거나 한쪽으로 기울 수 있다는 점이다.

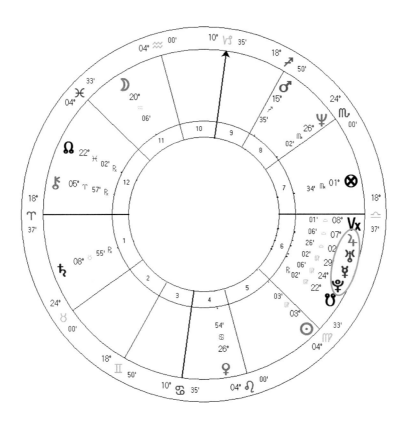

위의 차트는 6번째 하우스에 스텔리움을 이루고 있다. 내행성인 수성이 명왕성, 천왕성, 목성의 영향을 강하게 받고 있다. 이 차트에서는 수성과 6번째 하우스를 매우 주의 깊게 볼 필요가 있다.

2) 티-스퀘어(The T-Square)

이 배열은 직각삼각형의 형태로 두 개의 행성이 서로 마주 보고(☍) 있으며 각각이

남은 하나의 행성과 스퀘어(□) 각을 이루고 있다. 즉, 3개 이상의 행성들이 한 개의 오퍼지션(☍)과 두 개의 스퀘어(□)로 이루어진 형태이다. '토성-천왕성-달'이 이 배열을 이루고 있다면 내행성인 달이 토성과 천왕성의 영향을 강하게 받는다. '금성-태양-해왕성'이 이 배열을 이루고 있으면 금성과 태양은 해왕성의 영향을 받는다. 티-스퀘어 배열에 있는 내행성은 매우 중요한 행성이며 차트 해석 시 매우 중요하다(영향력: 외행성>토성>목성>내행성).

인구의 3분의 1 정도의 사람들이 티-스퀘어(T-Square) 패턴의 차트를 가지고 있으며 이 패턴은 개인의 인생과 차트를 지배한다. 티-스퀘어는 보통 인생의 심각한 문제를 말한다. 이 문제를 해결하기 위해서는 많은 시련과 도전에 직면할 수 있지만 이 에너지를 인식하고 극복하면 사회적으로 주목할 만한 공헌을 하기도 한다. 이 패턴은 도전과 갈등을 경험하게 하지만 개인의 성장에 거대한 힘을 제공하기도 한다.

티-스퀘어(T-Square)의 해석 방법

① 각각의 행성들의 의미를 생각하고 어떤 행성이 어떤 행성에게 영향을 미치는지를 고려한다. 즉, 압박과 스트레스를 받는 행성이 무엇인지를 가장 먼저 고려해야 한다.

② 영향을 주는 행성들(외행성, 토성, 목성)이 위치한 하우스 영역의 문제를 고려해야 한다.

예) '태양(열 번째 하우스)-목성(네 번째 하우스)-명왕성(일곱 번째 하우스)'라고 가정하면 이 개인의 직업(10)은 관계(7)와 집안 환경 또는 부모(4)에게 영향을 받을 수 있다.

③ 티-스퀘어는 보통 같은 모드에서 이루어진다.

- 카디널(Cardinal T-square): 목표 지향적, 강한 추진력과 생명력이 있다. 항상 진행형이다. 대단한 일을 해내고 헤쳐 나가지만 참을성이 없고 고집스러운 행동이 잘못된 계획(구상)으로 이어지고 성급한 결정은 다른 사람들과 정면으로 대립할 수 있다.

- 픽스드(Fixed T-Square): 인내심, 목적의식이 있고, 단호한 픽스드 타입은 중압감에 허물어지지 않는다. 하지만 고집스럽고 유연하지 못하고 침체되는 경향과 틀에 박힌 생활을 하는 것은 본인의 발전과 활동을 막는다. 에너지를 억누르고 있다가 주기적으로 폭발한다.

- 뮤터블(Mutable T-Square): 뮤터블 사인 성향이 이해와 커뮤니케이션과 관련이 있듯이 뮤터블 티-스퀘어 역시 이 내용을 포함하고 있고 건강, 커뮤니케이션, 교육 분야에 좋다. 대체로 다양성(융통성)과 유연성을 특징으로 하지만 가끔은 산만함, 불일치(일관성이 없음), 해결 능력 부족, 문제점을 피하려는 경향이 있다. 차분하지 못하며 목표를 설정하고 유지하는 것이 힘든 경우도 있다.

④ 점성학자마다 티-스퀘어를 해석하는 방식이 다를 수 있다. 예로 어느 행성이든지 두 개의 스퀘어 영향을 받는 행성이 중요하다는 이론도 있다.

⑤ 티-스퀘어의 에너지를 긍정적으로 사용하려면 이 에너지가 자신의 에너지라는 것을 먼저 인식해야 한다. 그렇지 않으면 남 탓, 사회 탓을 하며 심각한 스트레스, 우울증 등을 경험할 수 있다. 이 패턴은 스퀘어(□)보다 강한 갈등, 압박, 도전을 의미하지만 스퀘어보다 더 큰 성공의 잠재력을 의미하기도 한다.

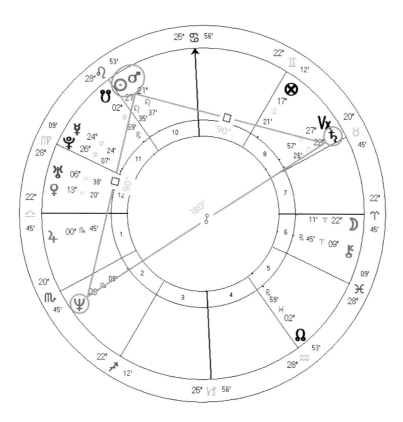

위 차트에서는 태양과 화성이 해왕성과 토성의 강한 영향을 받고 있다. 해왕성과 토성의 갈등을 의미한다. 이 개인은 어떨 때는 매우 부드럽고 수용적이고 자신을 희생하여 타인을 도울 수도 있지만 다른 한편으로는 매우 엄하고 차갑고 무뚝뚝해지며 너무 현실적일 수도 있다. 만일 이 개인이 해왕성과 토성의 에너지를 인식하고 긍정적으로 사용한다면 매우 창의적이고 예술적인 감각을 구체화하여 현실 세계에 적용시킬 수 있으며 타인을 배려하고 도와주려는 마음을 자신이 할 수 있는 선에서 실제적으로 도움을 줄 수 있다. 부정적으로 사용할 경우 두 개의 다른 인격을 보일 수 있고 혼란, 혼돈, 우울증 등이 올 수 있으며 허황된 자신의 세계를 인정해 주지 않는 사회 또는 타인을 비난할 수도 있다.

3) 그랜드 트라인(The Grand Trine)

그랜드 트라인은 3개 이상의 행성들이 서로 각각 트라인(△)의 각도를 이루는 것이다. 마치 행성 3개가 정삼각형을 만든다고 생각하면 된다. 보통 같은 원소로 이루어진다. 그랜드 트라인이 있는 사람은 이 배치에 있는 행성과 원소 그리고 하우스에 관해서는 쿠션을 깐 듯 보호를 받으며 조화롭게 느낀다. 자신의 재능일 수 있으며 숨을 쉬듯이 자연스럽게 사용할 수 있는 에너지이다. 때로는 도전 정신이 부족하거나 대체로 수동적인 느낌 그리고 미성숙한 면을 보이기도 하는데, 이는 그랜드 트라인을 이루고 있는 행성들의 에너지와 하우스 영역을 인식하지 못하거나 당연시하는 데에서 기인될 수 있다.

그랜드 트라인은 안정성을 제공하지만, 지나친 안정성은 타성에 젖게 하기도 한다. 이 사람은 평온이 깨지는 것을 싫어한다. 타성에 젖어 야망을 가지거나 성장하려는 욕구가 없을 수 있다. 그랜드 트라인은 즐거움과 잠재된 재능의 영역을 보여주는 데 반해, 그 재능을 가지고 무언가 유용한 일을 할 수 있는 훈련의 필요성을 제공하지는 않는다. 이러한 '힘'은 차트 다른 곳에 있을 수 있다. 늘 그렇듯이 차트 전체를 고려해야 한다.

(1) 불 사인(Fire signs): 이들은 대부분 속도감 있는 인생을 살며 위험한 상황에서 보호받는 것처럼 보인다. 활력과 생명력이 강하다.

(2) 흙 사인(Earth signs): 대략 물질적으로 운이 좋다. 유산을 받거나 돈과 결혼하거나 다른 이유가 있거나 어떻게 됐든 가난과 거리가 멀다.

(3) 공기 사인(Air signs): 이들은 보통 폭 넓은 흥미를 가지며 사교적 기회가 많은 편이다. 단, 수동적 배움의 경향으로 피상적 이해에 그치는 경우가 있다.

⑷ 물 사인(Water sings): 이들은 일반적으로 함께하려는 의존적 요구를 보이지만, 이러한 요구들은 쉽게 충족될 것이다 그러나 그들이 타고난 의존성을 인정하지 못하거나 극복하지 못할 수 있다.

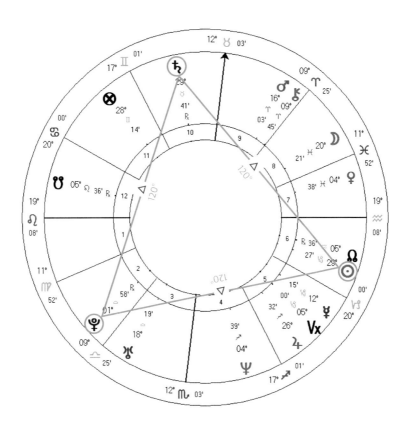

토성과 명왕성이 태양에게 조화로운 에너지를 선사하고 있다. 이 개인은 완벽을 추구하고 현실성 있으며 집중력 또한 매우 좋을 수 있고 목표를 향해 꾸준히 흔들림 없이 나아갈 수 있다. 카리스마와 결단력이 있어 리더나 보스가 될 수도 있다. 그러나 그랜드 트라인의 단점인 타고난 자질을 당연시하는 경향과 본인이 인식하지 못하는 문제가 발생할 수 있다. 그랜드 트라인을 가지고 있는 개인은 이 패턴을 의식하여 긍정적으로 사용해야 한다.

4) 그랜드 크로스(The Grand Cross)

코스믹 크로스(Cosmic Cross)라고 알려지기도 한 그랜드 크로스(Grand Cross)는 4개 이상의 행성들이 두 개의 오퍼지션(☍)과 네 개의 스퀘어(□)로 이루어진 형태이다. 최근 점성학 연구에 따르면 오직 5% 정도만이 이 패턴을 가지고 있다고 하니 확실히 일반적이지는 않다. 티-스퀘어(T-Square)와 마찬가지로 가장 먼저 고려해야 할 것은 어떤 모드인가이다. 그 후에 각각의 행성과 사인 그리고 하우스를 살펴본다. 티-스퀘어와 관련된 많은 설명들이 그랜드 크로스에도 적용된다. 가장 다른 점은 그랜드 크로스가 좀 더 복잡하고 많은 가능성들을 제공한다는 것이다. 티-스퀘어가 중심점을 가지고 있다면 그랜드 크로스는 네 방향을 동시에 자극한다. 이것은 정말로 운명을 좌우하는 패턴이면서 매우 재능 있고 대단한 것을 이룰 가능성이 있다. 그랜드 크로스 역시 영향을 받는 내행성들을 주의 깊게 봐야 한다.

그랜드 크로스는 매우 강한 에너지 흐름이다. 에너지들의 압박과 도전을 인식하고 긍정적으로 사용한다면 어느 분야에서든 성공을 할 수 있고 타인들에게 존경을 받을 수 있다. 그러나 도전과 압박을 이겨내지 못하면 매우 큰 갈등과 시련을 경험할 수도 있다.

(1) 카디널(The Cardinal Cross): 야망과 경쟁, 지나친 욕구와 강한 밀어붙임이 문제가 될 수 있다. 체계적인 계획을 갖춘 목표가 잘못된 결정을 내리는 것을 막는 데 도움을 줄 수 있고 모든 방향에서 한발 떨어져서 객관적으로 살펴보아야 한다. 타인을 배려하고 협력하는 마음과 고요함, 침착함, 인내심을 갖추는 것이 필요하다.

(2) 픽스드(The Fixed Cross): 제멋대로이고 고집이 강하며 매우 단호해서 갈등이나 위기 상황을 초래할 수 있다. 또한 강한 욕망과 유연하지 못한 태도가 고통의

원인이기도 한다. 질투심과 분노, 소유욕을 인정할 필요가 있고 이러한 감정을 벗어나기 위하여 유연성을 키우도록 노력하여야 한다. 때로는 떠나보내고 포기하는 것이 나약함을 드러내는 것이 아니라는 것을 배워야 한다.

⑶ 뮤터블(The Mutable Cross): 호기심이 너무 많아서 세상 모든 일에 관심을 보이게 되며 그로 인하여 에너지가 분산 및 소진되는 느낌이 들 수 있다. 걱정이 많아 차분하지 못하고 우유부단하거나 해결점을 찾지 못할 수 있다. 기분과 감정이 오르락내리락하는 듯한 경향을 드러낸다. 끊임없는 변화 속에서 안정감을 느끼려면 스스로의 힘으로 일관성을 유지할 수 있는 능력을 길러야 하며 앞으로 나아가기 위해 삶에 닻을 내려야 할 필요가 있다.

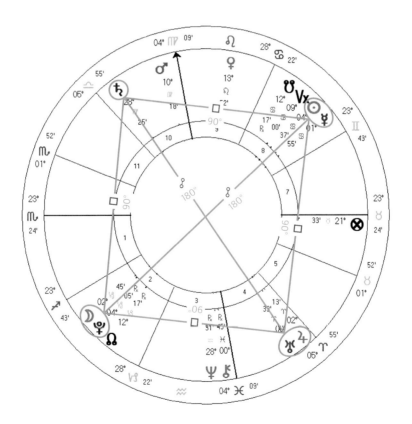

태양, 수성, 달이 명왕성, 천왕성, 토성, 목성의 영향을 받고 있다. 명왕성과 토성, 천왕성과 목성은 비슷한 에너지이므로 2개의 조합을 어떻게 사용하느냐가 문제일 수 있다.

전통, 현실, 보수, 규칙, 규율, 집착, 자기 제어, 억제 등의 이슈와 독립, 자유, 평등, 미래, 도전, 긍정, 개성 등의 이슈의 충돌일 수 있다.

이 개인은 어렸을 때 부모의 역할이 매우 중요할 수 있으며 형제자매와의 관계에서도 어떠한 이슈가 있을 수 있다. 한 가지 팁이라면 이 개인은 주중에는 규칙과 규범 그리고 자신의 목표를 향해 집중적이고 근면하게 살았다면 주말에는 아무 간섭도 받지 않고 자신이 하고 싶은 대로 자유롭게 사는 것이 좋을 수 있다.

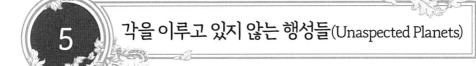

5 각을 이루고 있지 않는 행성들(Unaspected Planets)

1) 각도는 행성들 간의 대화이다. 각도는 행성들의 에너지 형태를 구축하고 사용하는 데 도움을 준다. 그러나 각도를 이루고 있지 않은 행성들은 에너지의 형태와 표현에 어려움을 겪을 수 있다. 행성 에너지를 집중하여 사용하지 못하고 산개될 수 있다. 에너지의 진행 방향을 설정하기 힘들 수 있으며 에너지 사용에 혼란, 혼돈이 올 수 있다.

각도를 이루지 않는 행성들은 그 행성의 사인의 기질을 의식적으로 사용하여야 한다. 예로 각도를 이루고 있지 않은 수성의 사인이 천칭자리라면 천칭자리 사인의 성향을 의식적으로 사용해야 한다. 친구 또는 파트너와의 관계, 타인과 교류, 사회적 활동 등을 통하여 수성의 에너지를 발전시킬 수 있다.

예

- 태양: 아버지의 부재 또는 아버지의 역할의 부재, 자신의 정체성의 혼란 또는 모호함, 목표 설정 또는 인생에서 진로 결정의 장애, 자신이 만든 세상에 사는 것 등

- 달: 어머니 또는 가족 간의 문제, 소속감의 문제, 자신의 감정적 안정감의 문제, 자기 자신을 돌봄에 있어서의 문제, 자신이 무엇이 필요한지를 모르는 문제 등

- 수성: 형제자매 간의 문제, 명료한 생각의 부재, 커뮤니케이션 문제, 형태와 구조를 갖추기 힘든 생각, 집중력의 문제, 자신의 생각과 아이디어 표현의 문제 등

- 금성: 자존감과 자존심의 문제, 무엇을 좋아하고 싫어하는지 모르는 문제, 관계에서의 문제, 가치관의 문제, 돈과 소유물에 관한 문제 등

- 화성: 모호한 인생의 목표 설정, 무엇을 원하고 어떻게 원하는 바를 추구하는가에 대한 문제, 분노의 표출 방식에 대한 문제, 욕구 불만에 의한 공격적이고 분노에 차 있는 감정 상태 등

- 목성: 자신의 신념과 철학에 관한 문제, 배움과 확장의 문제, 종교에 관한 문제 등
- 토성: 권위자 또는 윗사람과의 문제, 책임과 의무에 관한 문제, 한계와 범위에 관한 문제, 자신의 명예와 사회적 위치의 관한 문제 등

2) 각도를 이루지 않는 행성은 트랜짓(Transit) 행성들 또는 프로그레션(Progression) 행성들과 각을 이룰 때 그 에너지의 영향력을 의식적으로 잘 사용하는 것이 좋다. 각도를 맺고 있지 않는 행성의 긍정적인 면은 다른 행성의 에너지를 잘 받아들일 수 있다는 점이다.[2]

예

각도를 이루고 있지 않는 태양이 트랜짓(Transit) 토성과 각을 맺을 때 토성의 에너지가 의미하는 현실, 한계, 경계, 집중, 완벽, 책임과 의무 등을 배울 좋은 기회가 될 수 있다.

각도를 이루고 있지 않은 행성들은 차트 해석에서 매우 중요한 요소이다. 신중하게 고려해야 할 필요가 있다.

---

2 트랜짓과 프로그레션은 미래 에너지를 예측하는 기법이다.
  - 트랜짓: 현재 행성들의 움직임.
  - 프로그레션: 태양을 1년에 1° 움직인다고 가정한 가상의 행성들의 움직임.

Part 6.

차트 형태
(Chart Shape)

스플래시(Splash)

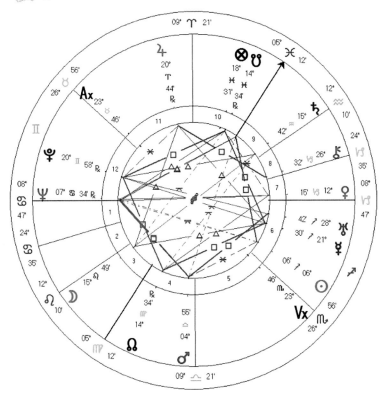

　행성들이 차트에 분산되어 있는 형태이다. 다양한 관심 분야와 가능성이 있을 수 있다. 반면에 목표의 설정 또는 헌신 없이 급하게 여러 분야에 에너지를 사용할 수 있다. 최악의 경우 장기간 어느 분야에 집중하지 못하여 아무것도 성취하지 못할 수도 있고 최상의 경우는 다양한 능력을 발휘하여 많은 분야에서 성과를 이룰 수 있다.

　위 차트를 보면 행성들이 골고루 분포되어 있는 것을 볼 수 있다.

번들(Bundle)

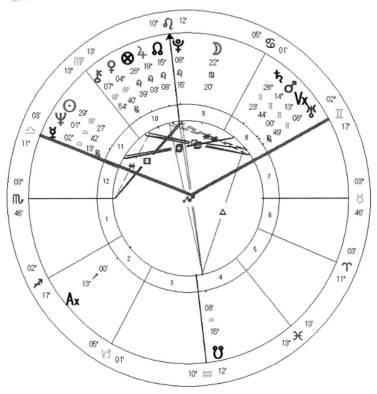

　행성들이 120도 각도 내에 위치하고 있다. 행성들의 에너지를 집중하여 사용할 수 있다. 힘이 있고 집중적인 사람일 수 있다. 어려운 상황이나 아무것도 없는 상황에서 성공적인 결과물을 만들어 낼 수 있는 능력과 기회가 있을 수 있다. 주의해야 할 점은 집착적일 수 있고 자기 자신에게만 관심이 있고 좁은 비전을 가질 수 있다는 점이다.

　위의 차트를 보면 8번째 하우스와 11번째 하우스(약 120도) 사이에 모든 행성들이 위치하고 있는 것을 볼 수 있다.

로코모티브(Locomotive)

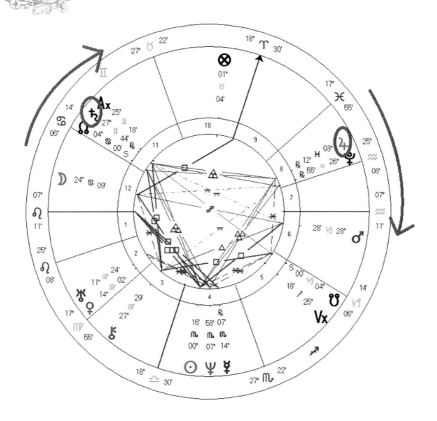

번들 형태와 반대로 120도 각도 내에 행성들이 없다. 즉, 행성들이 240도 각도 내에 모여 있는 형태이다. 한 행성이 시계 방향으로 이끄는 형태이다. 리드하는 행성은 다른 행성들의 에너지를 주도하고 용기와 동기를 부여한다. 이 차트의 개인은 동기 부여가 강하고 한 번 시작한 일에 강한 추진력을 가지고 있을 수 있다. 리드하는 행성은 이 차트를 이끄는 원동력이다. 이 차트 형태에서 이끌고 있는 행성뿐만 아니라 뒤에서 밀어주는 행성 역시 중요하게 보는 관점도 있다.

위 차트를 보면 토성이 끌어주고 목성이 밀어주는 형태이다. 이 차트에서 토성과 목성의 영향이 중요할 수 있다.

보울(Bowl)

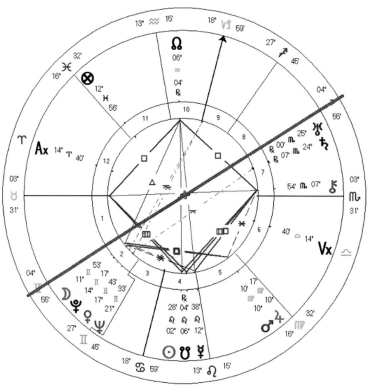

180도 내에 행성들이 위치하고 있다. 이 차트의 개인은 억제되고 집중적인 에너지를 가지고 있다. 반면 어떠한 부분에서는 공허함 또는 에너지의 부족을 느낄 수 있다. 에너지를 응축하고 집중할 수 있으나 대조적으로 행성이 없는 영역은 에너지가 모아지지 않고 다루기 힘들 수도 있다. 차트의 한 부분은 매우 발전적일 수 있으나 다른 부분은 그림자가 드리워지거나 쉽게 발현하기 힘들 수 있다.

위 차트를 보면 2번째 하우스와 8번째 하우스 사이(약 180도)에 모든 행성들이 위치하고 있는 것을 볼 수 있다.

현대 점성학 101

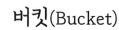

5 버킷(Bucket)

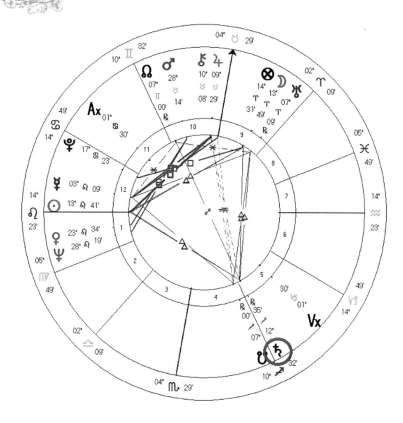

번들이나 보울 형태의 모양에서 한 개의 행성이 다른 행성들과 반대편에 위치하는 형태이다. 이 행성을 '핸들' 또는 '싱글톤'이라 한다. 이 행성은 대변인 역할을 하며 다른 행성들의 에너지를 자극하거나 영감을 준다. 이 핸들 행성은 이 차트의 개인에게 매우 중요한 요소이며 신중히 볼 필요가 있다.

위 차트를 보면 토성이 다른 행성들을 쥐고 있는 형태인 것을 볼 수 있다. 마치 양동이의 손잡이와 같다.

시소(Seesaw)

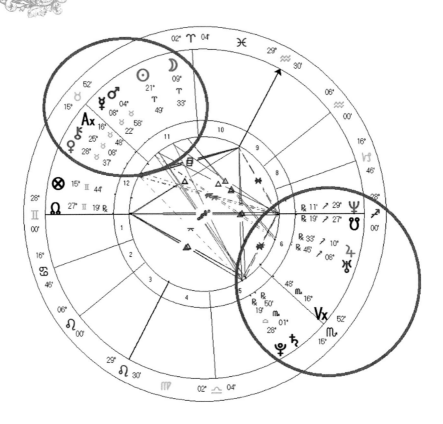

2개 이상의 행성들이 2개의 영역에 시소처럼 평행을 이루고 있다. 이 차트의 개인은 균형을 맞추며 조화를 이루려고 한다. 2개의 다른 관점과 믿음이 왔다갔다할 수 있다. 양립과 불확실성을 느끼지만 이 에너지를 건설적으로 사용하면 양립하는 두 개의 관점을 고려하여 발전할 수 있다. 갈등 해결, 중재와 조정 등의 능력이 있을 수 있다.

위 차트를 보면 양쪽으로 행성들이 마주 보고 있는 형태를 볼 수 있다.

삼각대(Tripod)

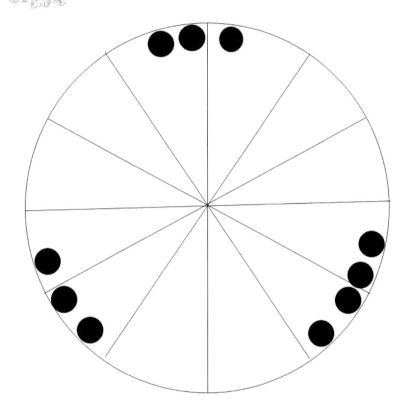

차트에서 인식하기 어려운 형태이다. 이 차트의 개인은 에너지를 안정화시키며 서로 다른 에너지를 쉽게 이용할 수 있다. 그러나 에너지를 집중하고 관리해야 할 필요가 있다. 그렇지 않으면 혼란스럽거나 그릇된 방향으로 갈 수 있다. 만일 이 형태가 트라인 각도를 이루고 있으면 원소가 무엇인가가 매우 중요하다.

위 그림을 보면 행성들이 약 120도 각도로 삼각대 모양으로 배열돼 있는 형태를 볼 수 있다.

Part 7.

네이탈 차트에서
달의 주기
(Lunation Cycle)

네이탈 차트에서 달의 주기는 원소와 모드 그리고 차트 형태와 같이 전반적인 개인의 성향이 어떠한지를 보여 준다. 보통 8단계의 주기로 나누지만 크게는 차는 달과 기우는 달로 구분한다.

달의 주기는 세컨더리 프로그레션(Secondary Progression) 테크닉을 볼 때 매우 중요한 요소이기도 하다.

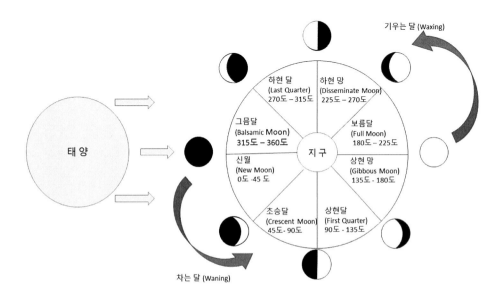

1. 신월(New Moon)

0도에서 45도. 식물에 비교하면 나무에서 씨가 땅에 떨어지는 시기.

매우 주관적이고 충동적이며 열정적일 수 있다. 자발적인 생각을 하며 진취적이다. 직감이 매우 발달되어 있으며 본능과 감에 따라 판단하며 행동한다. 객관적 생각과 판단을 하기 힘들 수 있다. 항상 새로운 것을 추구하며 가끔은 본능과 목표가 충돌할 수 있다.

2. 초승달(Crescent Moon)

45도에서 90도. 씨가 땅속에서 자라기 시작하는 시기.

과거를 탈피하고 미래로 뻗어 나가려고 한다. 자신의 발전을 위해서 노력하는 타입일 수 있다. 과거를 벗어나지 못하면 과거에 발목을 잡혀 미래로 나갈 수 없고 발전하기도 힘들 수 있다.

3. 상현달(First Quarter)

90도에서 135도. 씨가 땅을 뚫고 나오는 시기.

행동 위주의 타입이며 앞으로의 전진을 추구한다. 자신의 감에 따라 움직이며 위험을 감수하며 자신이 원하는 곳으로 나아가려 한다. 즉흥적이고 충동적인 행동을 조심해야 한다.

4. 상현 망(Gibbous Moon)

135도에서 180도. 가지와 과일이 자라기 시작하는 시기.

처녀자리와 비슷하다. 준비하고 분석하는 타입이며 자신의 발전에 대하여 강한 의식을 갖고 있다. 답을 찾고 싶어 하며 매우 섬세하고 준비성 있으며 모든 일이 되게끔 한다. 분석적인 접근을 하는 성향이 강하다.

5. 보름달(Full Moon)

180도에서 225도. 과실이 무르익고 꽃이 피는 시기.

인생의 의미, 목적, 목표 등을 성취하려고 한다. 자신을 세상에 알리고 싶어 하며 인생의 목표를 현실화하려 한다. 매우 객관적이며 균형을 추구하려고 한다.

6. 하현 망(Disseminate Moon)

225도에서 270도. 수확의 시기.

타고난 선생님 타입. 자신의 기술과 지식 등을 널리 퍼트리고 공유하려 한다. 타인에게 동기를 부여하고 비전을 제시한다. 자신의 능력을 숙련하고 숙달시키는 성향이다.

7. 하현 달(Last Quarter)

270도에서 315도. 과실이 나무에서 떨어지는 시기.

시스템과 구조 등을 재정비하는 타입. 과거의 일과 경험들을 반영하여 더 나은 것을 만들려고 노력하는 성향이다. 모든 일에 신중하고 심사숙고하며 조용히 자기 목표를 성취하는 타입이다

8. 그믐달(Balsamic Moon)

315도에서 360도. 씨앗을 생성하는 시기.

깊은 이해력과 비전을 제시하며 매우 창의적이고 창조적인 성향이다. 자기보다 더 큰 무엇인가에 의해 동기를 얻고(Hero calling) 자기 자신을 변형시킬(Transforming) 수 있는 능력을 갖고 있다. 직감이 발달해 있고 미래를 위한 씨앗을 찾는 타입이다.

Part 8.

일식과 월식

(Eclipse)

일식과 월식은 태양과 달, 즉 의식과 무의식이 서로 어떻게 영향을 미치는가를 보여 준다. 고대에는 영웅의 탄생과 죽음, 자연 재해, 전쟁 등의 의미로 해석되기도 하였다.

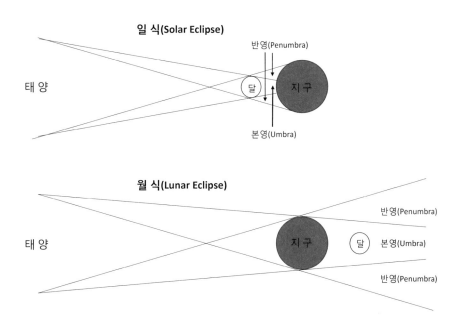

일식(Solar Eclipse)

1) 항시 신월(New moon)에 일어난다. 달이 태양을 가리는 현상으로 일어난다. 일 년에 두 번 정도 일어나는데 많게는 다섯 번까지 일어나기도 한다.

2) 노드와 태양과 달이 15도 내에 위치하게 있게 되면 일어난다.
   (1) 0°에서 9° 사이: 개기식(Total Eclipse)이 일어날 수 있다.
   (2) 9°에서 11° 사이: 부분식(Partial Eclipse) 또는 개기식(Total Eclipse)이 일어날 수 있다.
   (3) 11°에서 15° 사이: 부분식(partial Eclipse)이 일어날 수 있다.

3) 이 시기는 무의식의 달이 의식의 태양을 가리는 현상이다. 즉, 의식적인 생각이나 행동들이 방해를 받을 수 있다. 즉, 본능적인 감정, 무의식, 거친 감정들이 표출되거나 갑작스럽거나 뜻밖의 일들이 일어날 수도 있다. 긍정적으로는 숨겨진 자신의 능력을 발견할 수 있다.

월식(Lunar Eclipse)

1) 보름(Full Moon)에 일어난다. 일식(Solar Eclipse) 전후에 나타난다. 태양과 지구와 달이 일직선상에 위치할 때 일어난다.

2) 노드와 태양과 달이 9도 내에 위치할 때 일어난다.
   (1) 0도에서 3도 사이: 개기식(Total Eclipse)이 일어날 수 있다.
   (2) 3도에서 6도 사이: 부분식(Partial) 또는 개기식(Total Eclipse)이 일어날 수 있다.
   (3) 6도에서 9도 사이: 부분식(Partial Eclipse)이 일어날 수 있다.

3) 일식(Solar Eclipse) 기간에 나타난 발생한 일들과 감정적 변화와 생각 그리고 자신의 숨겨진 잠재력 등을 반영하고 객관화할 수 있다.

Part 9.

점성학 포인트

행운의 배꼽(Part of Fortune) ⊗

1) 행운의 배꼽은 물질적 웰빙, 소득의 잠재력 등을 의미하며 어떻게 어느 영역에서 실제적인 물질적 행운이 오는지를 나타낸다. 행운의 배꼽의 하우스 위치와 사인 그리고 행운의 배꼽과 컨정선(♂)을 이루고 있는 행성들을 고려한다.

2) 행운의 배꼽(Part of Fortune)의 계산법

> **행운의 배꼽 = 상승점(Ascendant) + 달(Moon) - 태양(Sun)**

예

태양 = 황소자리 3도 33분 = 3도 33분 + 30도 = 33도 33분

달 = 쌍둥이자리 6도 48분 = 6도 48분 + 60도 = 66도 48분

상승점 = 처녀자리 21도 34분 = 21도 34분 + 150도 = 171도 34분

행운의 배꼽(Part of Fortune) = 상승점 + 달 - 태양

171.34 + 66.48 - 33.33 = 204.49(204도 49분) = 천칭자리 24도 49분

---

3) 시계 방향으로 움직인다.

4) 물질적 웰빙과 물질적, 금전적 소득 능력과 잠재력을 의미한다.

5) 아랍 점성학에서 유래했다.

6) 미래의 물질적 영향력을 볼 때 트랜짓 행성들과 행운의 배꼽과 각도를 고려하면
된다[주로 컨정선(♂)을 고려한다].

> **예**
>
> (1) 행운의 배꼽이 5번째 하우스에 위치하면 물질적 행운이 창의력을 발휘할 수 있는 분야 또는 아이들과 관계
> 된 분야에서 올 수 있다.
>
> (2) 행운의 배꼽과 수성이 컨정선(♂)을 이룰 경우 물질적 행운이 커뮤니케이션 분야 또는 형제자매 관계에서
> 올 수 있다.
>
> (3) 트랜짓[3] 해왕성과 행운의 배꼽이 컨정선(♂)를 이룰 때 돈과 소유물을 현실적으로 잘 관리해야 한다. 이때
> 는 내가 비현실적인 기대감으로 투자를 하거나 가치가 없는 것에 돈을 쓰거나 타인에게 빌려주어 못 받는
> 경우가 생길 수도 있다.

7) 위의 계산법을 이용하여 나만의 공식을 만들 수도 있다.

> **예**
>
> 죽음의 파트(Part of Death) = 상승점 + 8th house 경계선 - 달
>
> 결혼의 파트(Part of Marriage) = 상승점 + 7th house 경계선 - 금성

---

3 트랜짓이란?

트랜짓은 실시간으로 움직이는 행성들이 나의 네이탈 차트에 어떠한 영향을 미치는지를 알 수 있는 테크닉
이다. 미래에 다가오는 에너지를 예측하는 기법으로도 사용한다.

2 버텍스(Vertex)와 안티버텍스(Anti-Vertex)

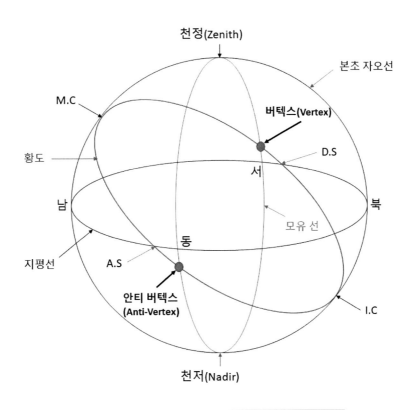

버텍스와 안티 버텍스는 위의 그림과 같이
천정과 천저 그리고 M.C와 I.C의 교차점이다.

1) 버텍스(Vertex)는 관계에서 매우 중요한 역할을 한다.

2) 관계에서 무의식인 이슈를 의미한다. 처음 관계를 시작할 때는 보이지 않는 문제
  가 관계가 지속된 이후에 부각된다.

3) 디센던트(D.C) 사인은 의식적으로 우리가 관계에서 원하는 성향이라면 버텍스 사
  인의 문제점은 관계가 지속된 이후 나타날 수 있는 이슈이다. 예로 버텍스 사인이
  게자리라면 관계에서 돌봄과 양육의 문제, 감정적 안전감의 문제, 나의 니즈와 상
  대방의 니즈가 충돌하는 문제 등이 생길 수 있다.

4) 행성이 버텍스와 컨정선(☌) 각을 이루면 그 행성 에너지의 문제점이 부각될 수 있
  다.
  (1) 태양: 이기주의, 나르시즘, 지속적인 요구, 타인의 그림자에 가려지는 등
  (2) 달: 의존적인, 양육, 돌봄, 떠나지 못하는, 자신보다 타인을 더 돌보는 등
  (3) 천왕성: 자유, 독립, 개성 등
  (4) 명왕성: 힘을 갈망하거나 힘을 빼앗기는 문제, 컨트롤 문제 등
  (5) 수성: 소통에 관한 문제 또는 생각과 아이디어 교환의 문제 등

5) 버텍스의 하우스 위치(VX는 5th , 6th , 7th , 8th 하우스 중에 하나이다)
  (1) 5^{Th} - 자녀, 어린이들과의 관계에서의 이슈 또는 관계에서 자기표현의 문제
  (2) 6^{Th}- 직장, 직장 동료, 상사들과의 관계에서의 문제
  (3) 7^{Th}- 일대일 관계, 동료, 동업자들 등과의 관계에서의 문제
  (4) 8^{Th} - 깊은 관계, 관계에서의 신뢰, 정직 등에서의 문제

6) 버텍스와 반대에 위치하고 있는 안티 버텍스는 무의식으로 자신에게 뒷받침을
  해 주는 역할을 하고 있다. 즉, 어센던트(A.S) 사인을 뒤에서 보완해 주는 효과라
  고 볼 수 있다. 즉, 자신을 도와주는 무의식적인 요소이다.

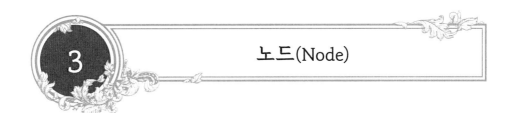

노드(Node)

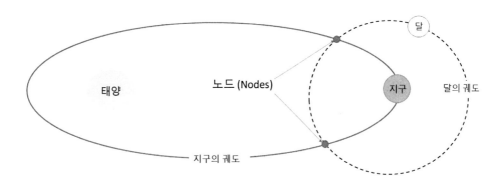

1) 노드는 지구가 태양을 도는 궤도와 달이 지구를 도는 궤도가 만나는 지점이다.

2) 다른 행성들과 달리 기본적으로 역행한다.

3) 주기는 18.6년이다. 약 19년의 사이클이라고 볼 수 있다. 한 사인에 18.6개월 정도 머무르며 1° 움직임은 약 19일이다.

4) 노드는 민 노드(Mean Node)와 트루 노드(True Node)가 있는데 민 노드는 노드의 움직임을 평균으로 계산한 것이며 트루 노드는 노드의 실제의 움직임을 말하는 것이다. 과학이 발전하기 전에는 민 노드를 사용하였다.
   보통 네이탈 차트에서는 민 노드를 사용하고 트랜짓이나 주기를 볼 때는 트루 노드를 사용한다.

5) 노드는 북쪽 노드(North Node), 남쪽 노드(South Node)가 있다. 북쪽 노드(North Node)는 용두(용의 머리) 또는 어센딩 노드(The Ascending Node) 등의 명칭이 있고 남쪽 노드(South Node)는 용미(용의 꼬리) 또는 디센딩 노드(The Descending Node) 등의 명칭이 있다.

(1) 북쪽 노드(North Node) ☊

북쪽 노드(North Node)는 인생의 목적지이며, 의식적으로 발전시키고 노력해야 한다.

(2) 남쪽 노드(South Node) ☋

남쪽 노드는 인생의 출발점이며 전생에서 받은 능력, 선물 등을 의미한다. 적극적으로 사용하고 퍼뜨려야 한다.

(3) 북쪽 노드(☊)가 위치하고 있는 하우스의 영역과 컨정션(☌)을 이루고 있는 행성들의 에너지는 의식적으로 발전시키고 개발하여야 한다.

남쪽 노드(☋)가 위치하고 있는 하우스의 영역과 컨정션(☌)을 이루고 있는 행성들의 에너지는 적극적으로 사용하고 퍼뜨려야 한다.

(4) 인생의 출발점인 남쪽 노드(☋)가 있는 하우스 영역과 컨정션(☌)을 이루고 있는 행성들의 에너지를 사용하지 않거나 회피하게 되면 인생의 목적지인 북쪽 노드(☊)의 하우스 영역과 컨정션(☌)을 이루고 있는 행성들의 에너지를 발전시키고 개발하기 힘들 수 있다.

(5) 북쪽 노드, 남쪽 노드와 스퀘어(□)를 이루고 있는 행성들은 매우 중요한 행성이며 꼭 의식적으로 사용하여야 한다. 이 행성은 직업을 고려할 때 중요하게 본다. 직업적으로 사용하지 못할 경우에는 취미 생활 등에 이 행성의 에너지를 사용하면 좋다.

숨겨진 사인과 반복된 사인
(Intercept and Duplicate Signs)

1) 숨겨진(Intercept) 사인과 반복된(Duplicate) 사인은 태어난 장소와 관련 있다. 즉, 어느 지역에서 태어났는가에 따라 나타난다.

(1) 이퀄(Equal) 하우스 시스템[동일한 각도(30도)로 하우스를 나누는 방식의 하우스 시스템]이 아닌 논이퀄(Non-Equal) 하우스 시스템을 사용할 때 나타난다. 예로 플래시더스(Placidus) 하우스 시스템이 그러하다.

(2) 숨겨진(Intercept) 사인들의 에너지가 발현되지 않으므로 의식적으로 발전시켜야 한다. 숨겨진 사인들은 아이 같거나, 유치하거나, 급작스럽게 나타나거나 아예 의식하지 못할 수도 있다.

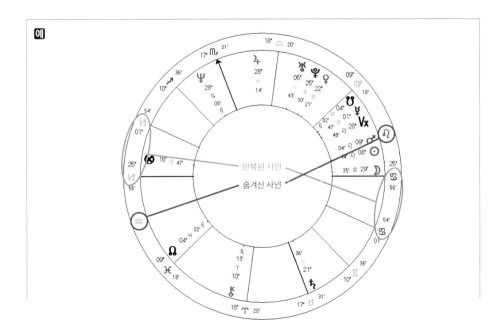

첫 번째 하우스에 물병자리 사인이 숨겨져(Intercept) 있다. 물병자리 에너지가 첫 번째 하우스 발전에 방해를 줄 수 있다. 그러므로 물병자리 에너지를 의식적으로 인식하여 긍정적으로 사용해야 한다.

2) 반복된(Duplicate) 사인은 두 개의 하우스 경계선(Cusp)에 같은 사인이 반복되어 나타나는 것이다. 이러한 경우 두 하우스가 같은 사인의 에너지를 가지고 있어서 거름망 역할 없이 다음 하우스로 넘어간다.

예

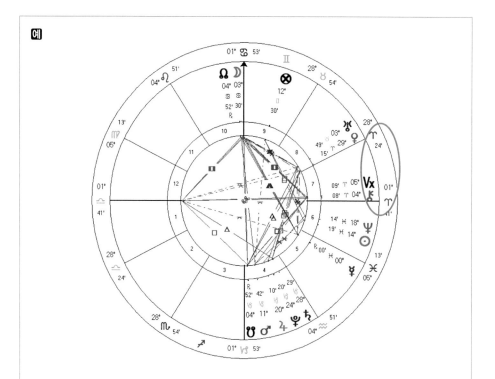

7번째 하우스 사인이 양자리이고 8번째 하우스의 사인이 황소자리라면 7번째 하우스 영역인 일대일 관계에서는 역동적이며 활발하고 진취적인 환경 또는 사람을 선호하지만 8번째 하우스 영역인 친밀한 관계로 넘어갈 때에는 현실적이고 오감을 만족시키며 안정적인 환경 또는 사람을 선호할 수 있다. 그러나 7번째 8번째 하우스 경계선 사인이 둘 다 양자리이면 7번째 하우스의 일대일 관계 이후 친밀한 관계의 영역인 8번째 하우스로 넘어갈 때 거름망 역할 없이 동일한 성향으로 넘어간다.

관계에서 나의 숨겨진(Intercept) 사인과 상대방의 반복된(Duplicate) 사인이 같다면 서로에게 호감을 가질 수 있다. 즉, 내가 어느 원소를 적게 가지고 있으면 그 원소를 많이 갖고 있는 상대에게 호감을 느끼는 것과 같다.

Part 10.

행성의 역행
(Retrograde Planets)

행성의 역행은 실제로 행성이 역행하는 것은 아니다. 지구에서 보았을 때 행성이 역행하는 것처럼 보이는 현상을 말하는 것이다. 언덕길에서 옆의 차와 나란히 서 있는데 옆의 차가 먼저 출발하면 마치 내가 뒤로 가는 것 같은 느낌을 느끼는 것과 같은 것이다.

행성의 역행은 행성이 태양과는 멀어지고 지구에 가까이 근접했을 때 일어난다.

1. 행성의 역행 표

행성	역행 기간의 비율(%)	역행 기간
수성	18%	약 4개월마다 22~24일(평균 22.3일) 역행
금성	7.5%	약 19개월마다 40~43일(평균 42일) 역행
화성	9.%	약 2년마다 58~81일(평균 74일) 역행
목성	33%	약 12개월마다 4개월 역행
토성	37%	약 12개월마다 4.5개월 역행
천왕성	42%	약 12개월마다 5개월 역행
해왕성	44%	약 12개월마다 5.25개월 역행
명왕성	45%	역행 기간은 궤도에 따라 달라짐
카이런	39%	역행 기간은 궤도에 따라 달라짐

행성의 역행은 시스템에 속하지 않은 반란군 같은 의미를 갖고 있다. 조류의 변화, 재검토, 되돌아보는 기간, 방향의 전환 등의 의미를 갖고 있다. 역행은 행성들이 자기 궤도 중에서 태양과는 반대편 위치하고 지구와 가장 가까운 위치에 있을 때 일어난다. 그러므로 원래 행성의 의미와 반대의 의미를 가지고 있다. 에너지를 발현할 때 무슨 일이 일어날지에 대해 매우 예민하며 행성의 에너지를 발현하기 전에 검토하고 숙고하여야 한다. 가끔은 행성의 에너지를 발현하지 못하는 경우도 있다.

2. 차트에서 역행하는 행성이 없는 경우(No Planets Retrograde)

어떠한 행성들도 역행을 하지 않은 경우에는 모든 행성들이 태양과 가까이 위치하고 있다. 모든 행성들이 120도 각도 내에 위치하는 번들(Bundle) 차트 형태 또는 보울(Bowl) 차트 형태로 나타날 수 있다. 앞으로 나아가려는 성향이 강하며 태양의 에너지가 매우 강조되는 형태의 차트이다. 자신의 생각과 의지가 강하여 타인의 생각과 의견을 고려하지 않을 수 있으며 타협하기 힘들 수도 있다. 숙고하고 고려하는 에너지가 거의 없다. 매우 직선적이고 직접적인 에너지이며 즉흥적인 행동 또는 생각 없는 행동 등이 나타날 수 있다.

3. 한 개의 행성이 역행하는 경우(One Planet Retrogrades)

한 개의 행성만이 역행을 하는 경우 이 행성은 다른 행성들과 반대편을 이루고 있다. 버킷(Buket) 차트 형태로 나타날 수 있다. 이 행성은 차트에서 매우 두드러지는 행성이며 '싱글톤'이라고 불리기도 한다. 이 행성의 에너지는 전체의 차트에서 중요한 역할을 한다. 이 행성의 에너지를 의식적으로 사용하고 발전시켜야 한다.

4. 5~7개의 행성들이 역행하는 경우(5~7 Planets Retrograde)

5~7개의 행성들이 역행을 하는 경우 시소(Seesaw) 차트 형태로 나타날 수 있다. 행성들이 그룹을 이루어 마주 보고 있다. 서로 다른 방향의 에너지를 어떻게 조화롭게 쓰는가를 고려해야 한다. 만일 균형이 무너져 한쪽으로 기울게 되면 에너지를 극단적으로 편향되게 사용한다.

5. 수성(Mercury)의 역행

수성은 1년에 3번 약 3주간(평균 22.3일) 역행한다. 이 기간 중 컴퓨터 문제, 통신기기의 문제, 소통의 문제 등이 일어날 수 있다. 이 기간은 미처 끝내지 못한 일들을 끝내거나 수정하고, 편집하고 정리하고 점검하는 일들을 하기에 좋은 기간이다. 새로운 일을 시작하거나 컴퓨터, 통신기기, 자동차 등을 구입하기에는 좋은 시기가 아니다.

만일 계약을 맺을 경우에는 매우 신중해야 하며 전문가들의 조언을 구하는 것이 바람직하다. 본인의 생각의 과정들이 매우 신중해지고 예민해지며 이해력이 깊어질 수 있어 새로운 지식을 습득하거나 전에는 이해하지 못했던 책들을 읽기에 좋은 기간이다.

네이탈 차트에서 수성 역행하면 깊은 생각과 이해력 그리고 남과 다른 생각과 관점의 소유자일 수 있다. 생각이 많고 신중하며 소통을 하기 전에 재검토와 예행연습을 하는 경향이 있다. 신경계통에 스트레스를 많이 받을 수도 있다.

6. 금성(Venus)의 역행

금성은 약 19개월마다 40~43일(평균 42일) 동안 역행을 한다. 자주 역행하는 편은 아니다. 이 기간 중에는 자존감, 가치관, 취향 등이 강조된다. 자신의 가치관과 미적 감각을 전과 다른 방식과 형태로 표현하기도 하며 관계에 대한 가치관의 변화로 인하여 현재 맺고 있는 관계의 변화가 일어나거나 전과 다른 성향의 사람들과 관계를 맺을 수도 있다. 소유물과 돈에 대한 가치관에 변화가 올 수도 있다. 남자가 여자보다 더 스트레스를 받을 수 있다.

네이탈 차트에서 금성이 역행하는 개인은 관계에서 수줍음이 많거나 억제되어 있을 수 있다. 관계를 맺는 방식과 방법이 타인들과 다를 수 있으며 보통 사람들과는 다른 가치관, 취향, 미적 감각을 소유하고 있을 수 있다. 자존감에 대한 문제가 있을 수도 있다('나는 충분치 않다', '사랑받을 자격이 없다' 등). 사회적 관계에 대해 매우 신중하며 가볍게 관계를 맺지 않는다. 사랑은 그들에게 매우 중요한 문제이지만 자신들이 얼마나 깊게 사랑할 수 있는지를 다른 사람에게 명백히 노출하지 않는다. 자신의 가치관과 미적 감각을 예술, 디자인, 창조물 등으로 독창적이고 창의적으로 표현하기도 한다.

7. 화성(Mars)의 역행

화성은 약 2년마다 평균 75일 역행한다. 행동의 욕구, 자신의 주장과 의견, 분노의 표출 등이 억제될 수 있다. 인생의 목표를 되돌아보고 진정으로 자신이 추구하고 성취하려는 것이 무엇인가를 생각하기에 좋은 기간이다. 에너지를 좀 더 집중적으로 사용하고 어떻게 전과는 다른 방식으로 사용할 것인가를 생각하여야 한다. 에너지의 과사용을 조심해야 한다. 종종 다른 사람들과 갈등이 생길 수 있다.

네이탈 차트에서 화성이 역행하는 개인은 매우 경쟁적인 사람이지만 다른 사람들은 모를 수 있다. 자기 자신과 경쟁하고 큰 목표를 세우며 자신의 일에 강하게 집중한다. 준비가 되면 세상에서 나아가 경쟁하며 자신이 원하는 것을 성취하려 한다. 자신의 욕구를 우회적인 방법으로 표현하는 경향이 있다. 어린 시절 자기주장을 하거나 자기의 욕구를 발산하는 데 문제가 있었을 수 있다. 정해진 일정에 맞춰 일하거나 협업하는 것보다 자신만의 속도로 일하기를 원한다.

8. 목성(Jupiter)의 역행

　기존의 생각과 믿음을 되돌아보고 새로운 생각, 믿음, 철학 등을 받아들이기 좋은 시기이며 전에는 생각하지 못한 분야에 대한 관심이 생길 수 있다. 이 시기에는 미처 마치지 못한 학업을 다시 하거나 개종, 이민 등의 일이 일어날 수 있다. 기회는 타인과 다른 방식과 형태로 올 수 있다. 즉, 타인들이 성공하지 못한 분야의 일, 장소, 시간에서 기회를 찾을 수 있다.

　네이탈 차트에서 목성의 역행은 자기만의 신념과 믿음 그리고 철학을 중요시한다. 타인의 말이나 판단보다 자기 자신의 판단을 중요시한다. 교육에 집중하고 자신만의 배움을 길을 가며 배움의 과정 또한 타인들과 다를 수 있다.

9. 토성(Saturn)의 역행

　토성은 각 사인마다 2~3번 역행을 한다. 책임감에 대한 스트레스, 윗사람(권위자)과의 관계에서 오는 스트레스 등이 증가할 수 있다. 자신이 권위자일 경우 그 권위를 실제로 사용하는 방법을 형상화할 수도 있다.

　네이탈 차트에서 토성 역행은 윗사람(권위자)과 갈등을 겪을 수 있으며 아버지 역할을 하거나 존경하고 본받을 만한 사람을 찾기 힘들 수 있다. 또한 윗사람(권위자)에 대하여 매우 예민하게 반응할 수 있다. 타인들이 만든 규칙과 규율 등을 따르길 원치 않으며 자기만의 규칙과 규율을 중요시한다. 책임감과 의무감이 강하여 우울해질 수 있으며 자기 자신에 대한 죄책감과 의심이 있을 수 있다.

10. 네이탈 차트에서 천왕성(Uranus)의 역행

무엇인가를 변화시키는 데 집중한다. 많은 정치가 차트에서 볼 수 있다(혁신가 이미지). 반대로 변화에 대한 두려움 또는 새로운 기술과 발전에 대한 의심이 있을 수 있다. 강한 토성의 영향을 받는 사람과 비슷할 수 있다.

11. 네이탈 차트에서 해왕성(Neptune)의 역행

상상력과 공상력이 강하여 혼란이 올 수 있다. 매우 강한 상상력과 영적의 에너지의 영향으로 눈에 보이지 않거나 타인이 이해하지 못하는 것들을 이해할 수 있다. 반대로 자신의 창의력과 상상력 또는 영적인 면을 표현하는 것을 불편해할 수도 있다.

12. 네이탈 차트에서 명왕성(Pluto)의 역행

충동과 욕구 그리고 개인의 증후군 등을 이해할 수 있는 능력이 있을 수 있다. 타인에게 컨트롤, 기만, 지배 등을 당하는 것을 매우 두려워할 수 있다. 힘에 대한 욕구를 다른 사람들에게 나타내지 않거나 자신이 그러한 욕구가 있는지를 모르는 경우도 있다.

- 외행성들이 역행하는 시기에는 외행성들의 에너지를 효과적으로 사용하고 이해할 수 있는 통로가 될 수 있다.
- 다른 행성들의 역행보다는 수성, 금성, 화성의 역행을 중요하게 볼 필요가 있다.

Part 11.

관계

(Relationship)

1 목성(Jupiter)

• **목성과 금성이 각을 이룰 때**
• **목성이 D.C에 컨정션(♂)을 이루거나 7번째나 8번째 하우스 내에 있을 때**
• 7번째나 8번째 하우스 경계선이 사수자리일 때
• 목성이 천칭자리 사인이거나 전갈자리 사인일 때
• 금성이 사수자리일 때

1) 관계에 대한 믿음과 신념이 강하다.

2) 관계를 통하여 배움과 발전을 도모한다.

3) 낙천적이고 관대하다.

4) 관계 발전에 대한 긍정적인 생각과 열린 마음을 갖고 있다.

5) 다른 문화권(외국인)의 사람들과 관계를 맺는 것에 대하여 긍정적이다.

6) 자신보다 더 나은 조건의 상대를 원할 수 있다.

7) 나와 다른 배경 또는 나와 다른 경제적 상황의 사람들과의 관계를 맺을 수 있다.

8) 지적이고 교육 수준이 높은 사람(선생님, 교수 등)과 관계를 맺고 싶어 한다.

9) 부정적이고 우울한 사람들과의 관계를 매우 힘들어한다.

10) 헌신을 기대하기 어렵다.

11) 목성과 화성이 각을 이룰 때 관계의 이슈는 다음과 같다.

    (1) 자신의 요구와 욕구를 적극적으로 표현한다.

    (2) 성적 관계의 성장을 원한다.

    (3) 성적 욕구와 열망이 강하다.

⑷ 많은 흥분, 자극, 역동성을 추구한다.

⑸ 성에 대하여 오픈 마인드이다.

2 토성(Saturn)

- **토성과 금성이 각도를 맺을 때**
- **토성이 D.C에 컨정선(♂)을 이루거나 7번째나 8번째 하우스 내에 있을 때**
- 7번째나 8번째 하우스 경계선이 염소자리일 때
- 토성이 천칭자리 사인이거나 전갈자리 사인일 때
- 금성이 염소자리 사인일 때

1) 매우 신중하고 방어적이다.

2) '자율성과 자립 vs 의존과 공유'의 충돌이 있다.

3) 애정과 사랑을 쉽게 표현하지 못한다.

4) 상처받을 것에 대한 두려움이 있다.

5) 거절에 대한 두려움과 가치가 없어지는 것에 대한 두려움이 있다.

6) 보수적이고 전통적이다.

7) 상대를 통제(컨트롤)하려는 성향이 있다.

8) 믿을 만하고 충실하다.

9) 규칙, 규범을 중시한다.

10) 책임과 의무를 중요시한다.

11) 자기 자신이 충분치 못하다는 생각, 사랑받을 자격이 없다는 생각을 한다.

12) 권위 있고 명예가 있는 상대 또는 완벽한 상대를 원할 수 있다.

13) 토성과 화성이 각을 이룰 때 관계의 문제(매우 힘든 조합)는 다음과 같다.

    (1) 욕구에 대해 비판적이고 엄격하다.

    (2) 분노(화)의 감정을 제어하거나 억제하려 한다.

    (3) 자신의 욕구와 요구를 표현하면 거절될 것이라고 생각한다.

    (4) 자신이 원하는 것(바)을 얻지 못하면 좌절의 감정에 휩싸인다.

3 카이런(Chiron)

• 카이런이 금성과 각을 맺을 때
• 카이런이 D.C에 컨정션(♂)을 이루거나 7번째나 8번째 하우스 내에 있을 때
• 카이런이 천칭자리 사인이거나 전갈자리 사인일 때

1) 관계에서의 상처와 권리 박탈의 느낌과 경험이 있을 수 있다.

2) 관계에서 외톨이 또는 이방인이 된 듯한 느낌과 경험이 있을 수 있다.

3) 관계에 대한 가치와 중요함을 느끼지 못할 수 있다.

4) 관계에 대한 생각이 남과 다르다.

5) 외국인과 관계를 맺을 수 있다.

6) 상처받은 사람 또는 소외된 사람과 관계를 맺을 수 있다.

7) 불리한 조건의 상대와 관계를 맺을 수 있다.

8) 자신이 매력이지 않다고 생각한다.

9) 상처받은 사람들에게 훌륭한 상담가 또는 멘토의 자질을 갖고 있다.

10) 관계를 통해 상처의 치유와 힐링을 얻는다.

11) 카이런과 화성이 각을 이룰 때 관계의 문제는 다음과 같다.

    (1) 욕구를 억제히려고 한다.

    (2) 욕구와 요구를 잘 표현하지 않는다.

    (3) 성 기능 문제 또는 성적인 상처가 있을 수 있다.

    (4) 성폭력 또는 성적 학대 피해자들에게 좋은 상담가가 될 수 있다.

4 천왕성(Uranus)

• 천왕성과 금성이 각도를 맺을 때
• 천왕성이 D.C에 컨정선(♂)을 이루거나 7번째나 8번째 하우스 내에 있을 때
• 7번째나 8번째 하우스 경계선이 물병자리 사인일 때
• 금성이 물병자리 사인일 때

1) 개인의 자유와 친밀함이 충돌을 일으킬 수 있다.

2) 헌신을 기대하기 힘들다.

3) 자신만의 공간과 시간을 중요시한다.

4) 친밀한 관계보다는 친구 같은 관계를 선호한다.

5) 전통적 혹은 사회적 통념으로 받아들여지지 않는 관계로 타인들을 놀라게 할 수 있다.

6) 오픈 릴레이션십(자유 연애 주의)의 성향을 보일 수 있다.

7) 불완전한 관계를 가질 수 있다.

8) 누군가를 돌보거나 감정적으로 이해하는 것을 기대하기 힘들다.

9) 헤어진 후에도 친구로 남으려고 한다.

10) 우리보다는 내가 우선이다.

11) 사랑에 빨리 빠지고 빨리 식는 성향이 있다.

12) 누군가가 떠나는 것(자신이 버려지는 것)을 두려워한다.

13) 천왕성과 화성이 각을 이룰 때 관계의 이슈는 다음과 같다.

  (1) 자신이 원하는 것을 강하게 표현한다.

  (2) 원하는 것을 갖지 못하면 분노하거나 수동-공격적인 성향을 나타낼 수 있다.

  (3) 온라인에서 자신을 잘 표현하고 온라인에서 인연을 찾으려고 한다.

  (4) 남과 다른 성적 취향이 있을 수 있다.

  (5) 매우 차갑게 굴거나 관계를 차단한다.

  (6) 혼자 섬에서 살고 싶어 하는 욕망이 있다.

  (7) 정신적, 육체적으로 자신만의 공간이 필요하다.

해왕성(Neptune)

1) 희생하고 헌신한다.

2) 구원자와 희생자의 역할을 한다.

3) 공평하지 못하고 동등하지 못한 관계를 맺을 수 있다.

4) 영적인 관계나 힐링의 관계를 꿈꾼다.

5) 로맨틱하고 경계가 없는 관계를 맺기 원한다.

6) 파트너의 행방불명 또는 실종의 경험이 있을 수 있다.

7) 상대에게 중독되어 헤어나지 못할 수 있다.

8) 관계에 대한 비현실적인 기대를 한다(비현실적인 사랑에 빠짐).

9) 관계에서의 고통을 미화한다.

10) 실현 불가능한 사랑과 짝사랑을 할 수 있다.

11) 상대를 쉽게 용서한다.

12) 손해 보는 관계를 맺을 수 있다.

13) 관계에서의 혼란(삼각관계, 상대의 기만 등)을 겪을 수 있다.

14) 해왕성과 화성과 각을 이룰 때 관계의 이슈는 다음과 같다.

    (1) 정당한 자기의 주장을 표현하기 힘들다.

    (2) 성에 대한 판타지가 강하다.

    (3) 상상력이 강하여 섹스에 집중하기 힘들 수 있다.

    (4) 상대에게 만족한다고 말하지만 속으로는 그렇지 않을 수 있다.

    (5) 자기의 욕구와 본능을 숨긴다.

명왕성(Pluto)

· 명왕성과 금성이 각도를 맺을 때
· 명왕성이 D.C에 컨정션(♂)을 이루거나 7번째나 8번째 하우스 내에 있을 때
· 7번째나 8번째 하우스 경계선이 전갈자리 사인일 때
· 금성이 전갈자리 사인일 때

1) 강렬하고, 솔직하며 동등한 관계를 원한다.

2) 사랑하는 사람을 잃는 것(Lose)에 대한 두려움이 강하다.

3) 섹스는 즐거움보다는 친밀감의 표현이다.

4) 서로를 치유하고 치료하는 관계를 맺을 수 있다.

5) 자신의 감정을 컨트롤하며 자신의 비밀을 숨긴다.

6) 배신을 미리 감지하며 배신을 당하면 복수를 꿈꾼다.

7) 이전 관계에서의 배신의 경험이나 증오의 감정이 현재의 가까운 관계를 방해할 수 있다.

8) 섹스와 돈으로 상대를 지배하고 컨트롤하려 한다.

9) 상대의 부정적인 감정과 깊은 감정적인 면을 잘 이해하고 공감한다.

10) 대단한 사랑의 힘을 이해하며 한 사람에게 집중한다.

11) 배신의 두려움 또는 믿음의 이슈 등으로 관계를 맺기 힘들 수 있다.

12) 카리스마 있고 존경할 만한 상대를 원한다.

13) 힘과 권력이 있는 사람을 원한다.

14) 명왕성과 화성이 각을 이룰 때 관계의 이슈는 다음과 같다.

(1) 자신의 요구와 욕구를 표출하는 것에 대한 두려움이 있을 수 있다.

(2) 강한 욕구와 강한 성적 능력이 있을 수 있다.

(3) 폭력적이고 파괴적인 성향을 보일 수 있다.

(4) 성폭력 또는 성적 학대를 당한 피해자들에게 좋은 상담가가 될 수 있다.

7 관계(Relationship)에서 고려해야 할 사항

1. 디센던트(D.C) 사인과 일곱 번째 하우스

1) 관계에서 가장 중요하게 보아야 한다.

2) 일곱 번째 하우스 경계선의 사인과 지배 행성 그리고 일곱 번째 하우스 내에 위치하는 행성들을 고려한다. **특히 디센던트(D.C)와 컨정션(♂)된 행성들은 관계에서 매우 중요하다.**

3) 나의 디센던트(D.C) 사인과 상대의 어센던트(A.S), 태양, 달이 같은 사인이면 서로에게 강한 호감을 느낄 수 있다.

2. 여덟 번째 하우스

1) 여덟 번째 하우스 사인, 지배 행성, 여덟 번째 하우스 내에 위치한 행성들을 고려한다.

2) 여덟 번째 하우스는 나와 친밀한 관계의 사람과 서로의 자원을 공유하고 발전시키는 하우스이다.

3) 여덟 번째 하우스의 파트너는 서로에게 비밀이 없고 진실한 관계의 파트너를 의미하며 동업의 관계에서도 회사 통장과 도장을 맡길 수 있는 동업자를 의미한다.

3. 금성(Venus)의 사인, 하우스 위치, 각도

　금성은 관계에서 매우 중요한 행성이다.

　금성의 사인과 금성이 위치하고 있는 하우스 그리고 금성이 어떠한 행성과 각을 맺고 있는지를 살펴봐야 한다.

4. 원소(Element)

　차트에서 기본 원소인 불(Fire), 흙(Earth), 공기(Air), 물(Water) 중에서 어느 원소가 많고 적은지를 고려한다. 내가 부족한 원소를 많이 가지고 있는 상대에게 호감을 느끼거나 같은 원소가 많은 상대에게 편안함을 느낄 수 있다.

5. 모드(Mode)

　원소와 같은 원리이다. 카디널(Cardina), 픽스드(Fixed) 뮤터블(Mutable) 모드 중에서 어떠한 모드가 많고 적은가를 고려한다.

6. 강한 영향력 또는 약한 영향력을 받는 행성들

　1) 많은 각을 이루거나, 각을 이루고 있지 않은 행성들(Unaspected)을 고려한다.
　2) 네 개의 앵글(A.S, M.C, D.C, I.C)에 컨정선(♂)되어 있는 행성들을 고려한다.
　3) 버킷 형태 차트에서 손잡이 역할을 하는 행성을 고려한다.

7. 차트를 이루는 각도

차트에서 어떠한 각이 많고 적은지를 고려한다. 예로 컨정션(☌)이 많은지 스퀘어(□)가 적은지 등을 고려한다.

8. 차트에서 행성들의 위치

하우스에서 동쪽, 서쪽, 북쪽, 남쪽 중 어느 방향에 행성이 모여 있는지 고려하고 어떠한 하우스에 행성들이 많이 위치하고 있는지도 고려한다.

9. 역행하는 행성들

역행하는 행성은 정상적인 행성과 다른 과정과 방향을 보일 수 있다. 특히 내행성의 역행은 관계에서 중요하다.

10. 인터셉트 사인과 반복되는 사인

하우스에서 어떠한 사인이 인터셉트되어 있고 반복되어 있는지 고려한다. 나의 차트에서 인터셉트되어 있는 사인과 상대의 차트에서 반복되어 있는 사인이 같을 경우 서로에게 호감을 느낄 수 있다.

11. 달의 주기

나와 상대가 어떠한 달의 주기(Moon phase) 때 태어났는지 고려한다.

12. 벌텍스(Vertex)

벌텍스(Vx)는 관계에서 매우 중요한 포인트이다. 벌텍스의 이슈는 관계 초기에는 나타나지 않고 관계를 맺은 후에 나타나는 이슈이다. 예로 벌텍스와 천왕성이 컨정선(♂) 각을 이루면 관계 초기에는 모르지만, 차후 나의 자유와 개성 발현의 문제 또는 나의 시간과 공간 확보의 문제 등이 나타날 수 있다.

13. 노드(Node)

1) 노드는 인생의 여정을 의미한다. 각 개인의 인생의 여정이 관계에 영향을 미칠 수 있다. 남쪽 또는 북쪽 노드에 컨정선(♂)되어 행성은 중요하게 볼 필요가 있다.
2) 나와 상대의 차트를 겹쳐 보았을 때(Bi-Wheel) 나의 노드와 상대의 내행성들 또는 나의 내행성들과 상대의 노드가 컨정선(♂)을 이루면 운명적인 만남일 수 있다.

* 관계 해석 시 위 1, 2, 3번을 중요하게 보아야 한다.

① 위 차트의 디센던트(D.C) 사인은 쌍둥이자리이다. 이 개인은 관계에 있어서 소통이 매우 중요할 수 있다. 정보와 아이디어를 주고받을 수 있는 사람, 지적 호기심을 자극하는 사람과 관계를 맺기 원할 수 있으며 다양한 인간관계를 경험하고 싶어 한다. 그러나 쉽게 싫증을 내거나 구속받는 것을 싫어할 수 있다.

쌍둥이자리의 지배 행성인 수성은 열 번째 하우스에 위치하고 있다. 직장 또는 자신의 직업과 관련된 사람들과 관계를 맺을 수 있다. 자신의 직업 활동은 관계에 어떠한 방식으로든 영향을 미칠 수 있다.

② 일곱 번째 하우스 내에 위치한 **토성은 관계에서 매우 중요하다.** 명예와 힘이 있고 지위가 높은 사람에게 호감을 느낄 수 있다. 현실적이고 실용적이며 근면하며 보수적이고 전통적인 성향의 상대에게 매력을 느낄 수 있다. 관계에서 상대에 대한 존경과 존중은 매우 중요한 요소이다. 선생과 제자 사이에서 연인 관계로 발전하는 경우도 종종 볼 수 있다.

상대를 컨트롤하거나 지배하려고 할 수 있고 상대가 나에게 그렇게 할 수도 있다. 관계에서 믿을 만하고 신뢰할 수 있다. 책임감과 의무감이 강하다. 그러나 방어적이고 부정적이며 타협이 힘들 수도 있다.

③ 관계에서 중요한 금성이 화성, 목성과 티-스퀘어(T-Square)를 이루고 있다. 급하게 관계를 맺거나 상대방에 대해 너무 긍정적이고 개방적일 수 있다. 관계에서 자기의 주장과 믿음이 너무 강해 주변 사람들의 조언을 듣지 않거나 충동적일 수 있다. 자유롭고 독립적인 성향이 강하여 헌신과 희생을 기대하기 힘들 수 있다. 하지만 여행, 운동, 모험, 공부 등을 같이 하기 좋은 파트너이다. 이 사람은 활동성과 역동성이 넘치고 즐겁고 긍정적이다. 관계를 통하여 인생의 의미와 믿음, 목표, 가치관 등을 발전시키고 확장시킬 수도 있다.

④ 벌텍스(Vx) 사인은 게자리이며 목성과 오퍼지션(☍)을 이루고 있다. 관계를 맺은 후 돌봄, 양육, 친밀감, 감정적인 안정 등에서 문제가 나타날 수 있다. 자신의 믿음과 철학, 종교, 비전 등이 상대방과 대립될 수 있다.

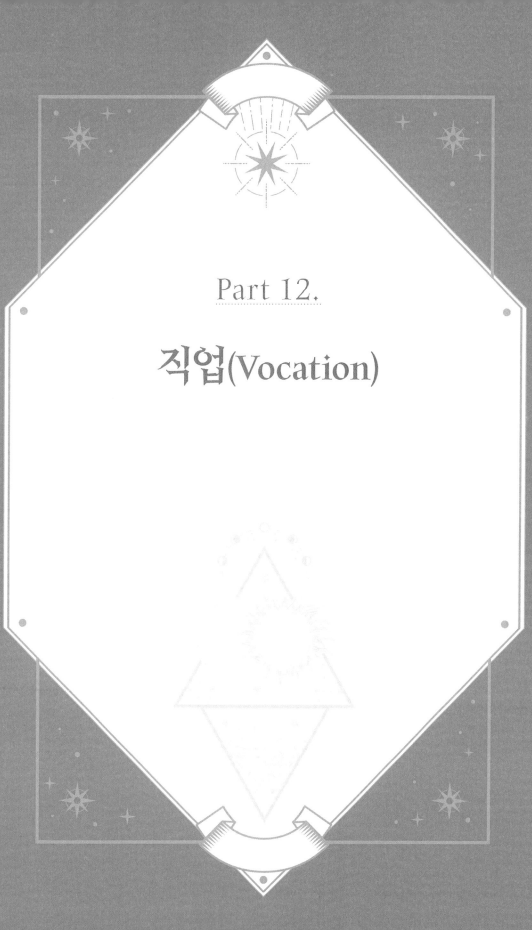

Part 12.

직업(Vocation)

10번째 하우스 경계선(Cusp) 사인과 10번째 하우스에 위치한 행성과 관련된 직업군

1) 화성/양자리(Mars/Aries)

항공 산업, 도축업, 구급대원, 군 관련 서비스, 군인, 운동선수, 코치, 건설업 종사자, 댄서, 전기 기술자, 전자공학 종사자, 엔지니어, 탐험가, 소방관, 체육관 강사, 해병대, 자동차 기술자, 국가방위 관련업 종사자, 경찰, 보안 서비스업 종사자, 자영업 종사자, 무역업 종사자, 상업 종사자 등

2) 금성/황소자리(Venus/Taurus)

회계사, 건축가, 건축업자, 인테리어 분야 종사자, 농업 종사자, 금융 자문, 금융업, 정원사, 식료품, 원예, 보험, 마켓 매니저, 음악가, 간호사, 유기농업 종사자, 화가, 음식점, 가수, 와인 무역업, 마사지사, 안마사, 도예가, 수예가 등

3) 수성/쌍둥이자리(Mercury/Gemini)

광고업 종사자, 골동품 수집가, 중고 서점 직원, 배달원, DJ, 운전사, 일러스트레이

터, 저널리스트, 사진작가, 문학가, 강사, 문학 비평가, 미디어 분야 종사자, 뉴스 에이전트, 우체국 직원, 리포터, 판매원, 선생님, 통신 관련업 종사자, 여행 작가, 작가, 어린이 청소년 관련업 종사자 등

4) 달/게자리(Moon/Cancer)

골동품 수집가, 케이터링(연회 준비) 분야 종사자, 요리사, 유아교육 분야 종사자, 상담가, 홈서비스 분야 종사자, 가족 돌봄 관련업 종사자, 가구 관련업 종사자, 사학자, 실내디자이너, 가정경제학자, 유치원 교사, 유모, 간호사, 부동산업 종사자, 식당 관련 비즈니스 업자, 장난감 관련 종사자, 계보학자, 산파, 조산사, 산부인과 전문의, 소아과 의사, 은 세공업자 등

5) 태양/사자자리(Sun/Leo)

배우, 광고업 종사자, 미술 선생님, 경영학자, 어린이 상담가, 어린이 레크레이션 강사 또는 놀이 선생님, 어린이와 교재 교구 산업 종사자, 유아복 분야 종사자, 화장품 분야 종사자, 창조적인 작업, 디자이너, 박람회 컨설턴트, 패션 산업 종사자, 감독, 호텔이나 극장 관련 산업 종사자, 장식품 관련 분야 종사자, 보석 상인, 보석 세공사, 귀금속 관련 분야 종사자, 매니저, 모델, 연극 분야 종사자, 소매업자, 부동산 개발 분야 종사자 등

현대 점성학 101

6) 수성/처녀자리(Mercury/Virgo)

　회계사, 한의사, 미술가, 공예가, 책 판매원, 임상심리학자, 카피라이터, 예술 관련 교사, 비평가 드레스 메이커와 디자이너, 경제학자, 편집자, 영화 편집자, 피트니스 클럽 직원, 원예가, 산업분석가, 조경업자, 정원사, 사서, 수학자, 마이크로 생물학자, 유기농 음식 분야 종사자, 개인 비서, 과학자, 사회복지 관련업 종사자 등

7) 금성/천칭자리(Venus/Libra)

　국제 대사, 큐레이터, 미술치료사, 사회적 관계 디자이너, 화장품 관련 분야 종사자, 고객 서비스업 종사자, 외교 분야 종사자, 패션 바이어, 플로리스트, 선물 관련업, 미용사, 호텔 산업, 아로마테라피, 향수 산업, 인사관리, 리셉셔니스트, 웨딩 플래너 등

8) 목성/사수자리(Jupiter/Sagittarius)

　탐험 및 여행 가이드, 변호사, 법률가, 출판 분야 종사자, 교육 산업 종사자, 해외 특파원, 외국 관련 서비스 및 해외 무역 분야 종사자, 가이드, 번역가, 통역사, 저널리스트, 판사, 어학 관련 교사, 법률가, 변호사, 프로토콜, 영업 및 판매원, 법무관, 우주관련 산업, 스포츠 및 스포츠 용품 관련 분야 종사자, 여행 산업 분야 종사자, 대학 강사 등

9) 토성/염소자리(Saturn/Capricorn)

회계 관련 분야 종사자, 건축학자, 기록 보관 담당자, 군대, 건축 산업 종사자, 공무원, 수송 관련 분야 종사자, 치과, 공학기술자, 정원사, 지질학, 정부 관리, 의료 분야 종사자, 광업 분야 종사자, 등산가, 정형외과, 증권거래소, 증권 중개인, 교사, 도시 설계 분야 종사자, 무역 관련 조합원, 과학자, 정치가 등

10) 천왕성/물병자리(Uranus/Aquarius)

항공 산업 종사자, 대체의학 분야 종사자, 천문학자, 생물학자, 미디어 방송 분야 종사자, 커뮤니티 분야 종사자, 컴퓨터 기술자, 전기·전자·전파 분야 종사자, 인도적 활동가, 정보 기술 분야 종사자, 인터넷 기반 산업 종사자, 발명가, 의료 연구가, 형이상학자, 뉴에이지 분야 종사자, 심리학자, 녹음 기술 및 산업 종사자, 록 음악가, 공상과학 소설가, 과학자, 방사선 촬영 기사, 티비 엔지니어 등

11) 해왕성/물고기자리(Neptune/Pisces)

남을 돌보는 직업, 통찰력·선견지명이 있는 사람, 상담가, 댄서, 잠수부, 의약 관련업, 패션산업, 가구 디자이너, 노인 전문 간호사, 영화 산업 관계자, 마술사, 메이크업 아티스트, 음악가, 해군, 간호사, 화가, 사진작가, 사제, 무대 디자이너, 사회복지 사업가, 와인 산업가, 노숙자와 함께 일하는 직업, 장애인 관련 업종 등

12) 명왕성/전갈자리(Pluto/Scorpio)

인류학자, 고고학자, 은행원, 대기업 직원, 성형외과, 바다 낚시꾼, 탐정, 형사, 범죄 수사관, 장례업자, 지질학자, 탐사 저널리스트, 광업, 의학자, 배관 관련업 종사자, 경찰, 교도관, 택지 개발자, 심리학자, 조사원, 연구원, 과학적 연구원, 분석가, 외과 전문의, 세금 전문가 등

직업에서 고려해야 할 사항

1) 직업의 하우스

두 번째, 여섯 번째, 열 번째 하우스(House of Substance)의 경계선 사인, 지배 행성의 위치 그리고 하우스 안에 위치하고 있는 행성들을 고려한다. **하우스 안에 위치하고 있는 행성들이 가장 중요하다(열 번째 하우스가 가장 중요하다).**

(1) 2하우스: 직업적인 나의 재능, 내가 가진 능력
(2) 6하우스: 직업과 직장 동료들의 관계
(3) 10하우스: 나의 천직, 하늘의 부름, 사회에서 나의 위치(나의 천직을 발현하기 위해서는 용기가 필요하다)

2) 앵글과 컨정선을 이루는 행성들(Angular Planets)

4앵글, 즉 A.S, MC, D.C, I.C에 컨정선(☌)된 행성들을 고려한다(오브 8도).

(1) M.C : 가장 중요하므로 주의 깊게 봐야 한다.
(2) A.S : 인생의 첫 번째 직업 선택에 중요한 영향을 미친다.

(3) D.C: 관계가 직업 선택에 매우 주요한 요소이다. 동업, 상담 등.

(4) I.C: 안정감, 기초, 기반, 가족 등이 직업 선택에 큰 영향을 미친다. 부동산, 돌봄 관련 직업, 요식업, 숙박업 등.

3) 각도의 패턴

스텔리움(Stellium) 티-스퀘어(T-Square), 그랜드 크로스(Grand Cross), 그랜드 트라인(Grand Trine)의 패턴은 직업적으로 큰 영향을 미친다.

4) 노드(Node)

남쪽 노드, 북쪽 노드와 컨정션(☌) 또는 스퀘어(□)를 이루고 있는 행성들을 고려한다.

(1) 스퀘어(□)를 이루는 행성은 나의 인생의 여정에 도전을 하는 에너지이다. 직업으로 사용하여 그 행성 에너지의 도전을 받아들이는 것이 좋다.

(2) 남쪽 노드와 컨정션(☌)을 이루고 있는 행성의 에너지는 퍼뜨리고 적극적으로 사용해야 하며 북쪽 노드와 컨정션(☌)을 이루고 있는 행성의 에너지는 의식적으로 발전시켜야 한다.

5) 3개 이상 행성들이 위치하고 있는 하우스 영역

행성이 3개 이상이 모여 있는 하우스의 영역은 인생에서 매우 중요한 영역일 수 있다. 이 영역은 직업에 강하게 영향을 미칠 수 있다.

6) 추가적으로 고려할 사항

(1) 토성의 하우스 위치와 내행성과의 각도

(2) 외행성과 내행성과의 각도(컨정션, 오퍼지션, 스퀘어)

(3) 혼자 역행하는 행성(싱글톤)

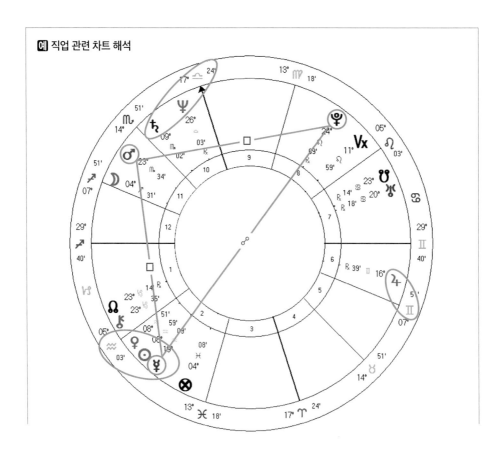

예 직업 관련 차트 해석

1. M.C(열 번째 하우스 경계선): 천칭자리

평온하고 균형 있고 조화로운 직업 환경에서 자신의 능력을 잘 발휘할 수 있다. 아트, 뷰티, 패션, 디자인 등에 관련된 직업을 선호할 수 있다. 혼자 일하는 환경보다는 다른 사람들과 조화를 이루며 협업하는 환경이 더 적합할 수 있다. 중재자 역할을 하는 직업군도 좋다.

2. 열 번째 하우스 내의 토성과 해왕성(직업적으로 매우 중요함)

1) 토성: 권위자, 책임자, 선생님, 과학자, 기업가, 건설업 등의 직업군을 생각할 수 있다. 규칙과 규범을 중요하게 생각할 수 있으며 자신의 권위와 명예를 얻기를 원하며 성공을 위해 꾸준히 노력한다.

2) 해왕성: 예술가, 향수, 영화, 광고 관련 산업 등에 종사할 수 있다. 타인에게 꿈과 희망을 부여하거나 희생과 헌신이 필요한 직업을 가질 수 있다. 창의력과 상상력을 사용할 수 있는 분야의 직업이 좋다. 해왕성은 행운의 배꼽(Part of Fortune)과 컨정션(♂)을 맺고 있다. 즉, 물질적 행운은 해왕성의 에너지 영역에서 올 수 있다.

3. 여섯 번째 하우스

1) 쌍둥이 자리: 대화와 소통이 직업 선택에 매우 중요한 영향을 미친다. 커뮤니케이션, 통신, 출판, 미디어 등의 직업군에서 종사할 수 있다.

2) 목성: 자신의 지식, 믿음, 비전 등을 전파하고 가르치는 직업이 좋을 수 있다. 외국 또는 외국인과 관련된 직업 또는 여행 관련 직업을 가질 수 있으며 출판 또는 법과 관련된 직업을 가질 수도 있다. 이 차트에서 목성은 어센던트(A.S)의 지배 행성이기에 일과 건강이 인생에 매우 중요한 요소일 수 있다.

4. 두 번째 하우스

1) 물병자리: 통찰력, 지성, 이성적 판단, 미래 지향적, 완벽주의, 과학적이고 기술적인 사고와 능력이 있다.

2) 태양, 금성, 수성의 에너지는 사회적 또는 직업적으로 사용할 수 있는 나의 자원(재원)이다. 즉, 세상에 내가 팔 수 있는 나의 자원이다. 태양과 금성과 수성은 두 번째 하우스에서 스텔리움을 이루고 있다. 자기 자신에 대한 믿음, 신념, 확신과 미적 감각, 사교성, 중재자 역할, 소통 능력, 쓰고 말하는 능력 등이 자기가 가지고 있는 자원이다. 이 개인의 사회성, 미적 감각, 소통 능력, 표현 능력 등이 정체성을 빛나게 해줄 수 있다.

– 이 차트의 개인은 직업 하우스(2, 6, 10) 내에 행성들이 존재하고 있다. 즉, 직업적으로 매우 강한 차트이다. 2, 6, 10하우스 경계선 사인이 공기 사인이다. 공기 원소의 성향이 직업 선택에 영향을 미칠 수 있다.

3) 두 번째 하우스에 위치한 수성이 여덟 번째 하우스에 위치한 명왕성, 열 한 번째 하우스에 위치한 화성과 픽스드 티-스퀘어(Fixed T-square)를 이루고 있다. 이 티-스퀘어는 직업뿐만 아니라 인생 전반에 매우 중요한 영향을 미친다(직업적으로 수성이 매우 중요하다).

4) 추가적으로 고려할 사항

남쪽 노드(☋)와 천왕성과의 컨정션(♂), 북쪽 노드(☊)와 카이런과 컨정션(♂)을 이루며 해왕성은 두개의 노드와 스퀘어(□)를 이루고 있다. 특히 노드와 스퀘어(□)를 이루고 있는 해왕성 에너지는 직업적으로 사용하면 좋다.

Part 13.

건강(Health)

양자리	천칭자리
두통, 편두통 머리 부분 부상, 뇌진탕 고열 시력 저하	피부 발진, 피부병 혈액 장애 콩팥 기능 부전 육체 선과의 장애
황소자리	**전갈자리**
목 염증, 갑상선 문제 후두염, 편도선염 목의 과사용 또는 기능 저하 마른 기침, 목소리가 나지 않음	탈장 몸을 가누지 못함 성병, 방광염 변비, 치질
쌍둥이자리	**사수자리**
호흡, 호흡기관의 문제 폐기종, 천식 신경 질환, 스트레스에 기인한 조바심 긴장, 신경질적 반응	엉덩이 부상, 상처 좌골 신경통 엉덩이 부분의 부기, 경련 간 기능 문제
게자리	**염소자리**
위경련 메스꺼움, 구토 요도 관련 문제 섭식 장애, 거식증 유방암, 모유 수유 문제	뼈 질환 치아 질환 관절염, 관절의 경직 허리 통증, 디스크
사자자리	**물병자리**
요통 협심증 심장 떨림과 심장 잡음 심혈관 문제	독혈증, 패혈증 약한 발목 약한 혈액 순환 약한 산소 공급(처리)

처녀자리	물고기자리
소화 불량, 복통 장 질환, 게실증	발 부종 또는 기형, 바이러스 감염 독성 배출 문제 및 점액 분비 문제 약물 또는 마약 중독

행성과 건강

행성	정신적 문제	신체적 반응	정신적 반응
달	애착(사랑, 정) 장애: 부모님 또는 가족 구성원과의 결별 또는 분리, 불안정, 유대감 또는 소속감이 없음, 감정인인 부재 등	음식 알레르기, 섭식 장애, 거식증, 체중 문제, 위경련, 유방암, 생리 불순, 폐경 증후군, 불임, 임신의 어려움 등	극도의 예민함, 감정 기복, 별난 감정적 행동, 충동적, 극도의 불안함, 조바심, 광장 공포증, 우울증 등
태양	아버지의 부재, 정체성의 부재, 정신의 부재(상실), 성공에 관한 의식(의지) 결핍, 경제적(경제력) 실패 등	심장의 문제, 무기력증, 면역력 문제, 온기가 적음, 약한 순환계, 허리 통증 등	낮은 자존심과 자신감(자긍심), 자신이 없음, 피해의식, 자신을 존중하지 않음, 스트레스, 정체성 수립의 문제
수성	행동의 제약, 배움의 문제, 서투른 표현력, 자신의 소리를 내지 못함, 소통 부재의 가족 환경 등	팔, 다리의 유연성 부족, 움직임(이동성)의 문제, 호흡 곤란, 폐 질환, 천식, 언어 장애 또는 정신 질환 등	큰 소리로 말하지 못하거나 감정을 표현하지 못함, 초조, 불안, 신경계 장애, 학습 장애, 난독증, 정신적 장애 등
금성	가치관의 부재, 억압된 여성 이미지, 창의적 출구의 부재 또는 부정, 부적절한 가치관 등	피부 질환, 체중 문제, 성에 관한 공포증, 탈모증, 신체 균형감 문제, 청각, 혈당 불균형 등	자존감 부재, 낮은 자존심, 그릇된 가치관, 섹스 중독 또는 단 음식 중독, 친밀감 문제 등
화성	공격적이고 거친 성향, 분노의 부정 또는 거부, 방향성이 없음 혹은 용기 부족, 부적절한 성적 관습 또는 행위 등	염증, 피부 발진, 궤양, 부신(아드레날린)의 기능 부전, 감염 또는 급성 질환, 산성도가 높음, 적은 근육량 또는 근육의 문제 등	분노 장애(분노를 거부하거나 부적절하게 타인 또는 자신에게 표출), 자학, 섹스 또는 친밀감 문제, 성급함, 거칠고 상스러움 등
목성	신체의 확장, 팽창, 성장, 지방의 생성, 콜레스테롤 수치, 더위와 추위에 대한 반응, 간 문제 등		
토성	신체의 구조, 뼈, 피부, 치아, 척추, 경직, 수축, 노화, 우울감 등		
카이런	정신적 또는 육체적 장애, 웰빙 이슈, 전체적인 치유, 자연적 치유, 대체요법 등		
천왕성	육체의 전기 신호, 전기 에너지, 좌절감, 불안 초조, 불안정, 신경계 문제, 기절, 경련, 알레르기 반응, 극도의 긴장감 등		

해왕성	보이지 않는 질병, 바이러스, 면역력, 정신 질환, 중독, 오진, 약물의 거부 반응, 약물의 알레르기 반응, 약물 남용, 잘못된 처방 등
명왕성	보이지 않는 질병, 암, 종양, 성병, 에이즈, 박테리아, 바이러스, 세포, 혈액 또는 세포 조직 등의 질병 등

행성들 간의 결합과 질병

행성	목성	토성
달	과체중, 위의 팽창, 감정 조절 문제, 감정의 과다한 표출 등	섭식 장애, 모유 수유 문제, 특정 음식에 대한 집착 또는 거부감, 유당 알레르기, 생리 주기 불순, 낮은 자존감, 우울증 등
태양	심장, 심혈관의 확장, 고혈압, 심장의 부담 등	허리 통증, 척추 질환, 심혈관 문제, 심장의 수축, 치아, 뼈 문제, 신체의 경직, 우울증 등
수성	너무 많은 생각 또는 정신적인 일, 신경계의 스트레스, 초조, 불안 등	운동성과 이동성의 저하, 소통 문제, 자신의 생각이나 아이디어를 표현하지 못함, 생각의 경직 등
금성	피부 발진, 트러블 등	피부 질환, 머리카락 문제(탈모), 자존감 문제 등
화성	발진, 발열, 급해서 일어나는 사고 등	활력 문제, 우울증, 근육 문제, 몸의 경직 등

행성	천왕성	해왕성	명왕성
달	음식 알레르기, 섭식 장애, 거식증, 극도의 민감함, 유별난 감정적 행동, 초조·불안, 생리 불순, 생리 주기 문제, 월경 전 증후군 등	음식, 약물, 치료약 등에 대한 알레르기 반응. 만성피로, 오진단, 만성 질병, 가족력에 의한 질병, 약물 의존증, 충분치 못한 비타민 또는 필수 미네랄 손실, 비정상적인 체액 등	강박적인 경향, 광장 공포증, 요도와 방광의 감염(전염병), 종양과 종양의 증가, 고환과 난소의 부기와 질환, 잠복 또는 숨어 있는 질병, 출산, 생식력 문제, 배설, 배출 문제 등
태양	신경 쇠약, 경련, 쥐, 우울과 조증을 왔다갔다하는 별난 에너지 레벨, 불규칙적인 심장 박동, 심장 잡음, 순환계 문제, 요통, 허리의 경련 등	낮은 활력과 면역력, 감염, 부어 오른 선, 안 질환, 증상의 오진단, 무기력과 타성, 낮은 에너지 레벨, 혼란과 환영, 환청 등의 정신적 고통, 약물에 대한 민감성 등	만성적인 감염, 종양, 종기, 부스럼, 과한 노력과 확장에서 기인한 스트레스, 강박, 축동 장애, 가스와 소화 문제, 항문, 방광염, 전립선, 불임 등

수성	학습 패턴의 장애(방해), 신경 과민과 신경 질환, 학습, 언어 영역 등의 스트레스, 동작의 불균형	호흡곤란 또는 폐질환, 천식, 학습 장애, 난독증, 언어 장애, 소음에 과민, 왜곡된 인식, 망상적 생각, 착각, 오해 등	세세한 것에 대한 강박, 포비아(공포증), 학습 패턴 또는 기억력 상실, 혈관의 충혈, 막힘, 만성적 신경 과민 등
금성	피부 또는 머리카락 장애, 체중 문제, 충동적인 성적 행동, 성적 정체성 문제, 관계를 지속하는 능력이 없음, 방향 감각 상실 등	균형감 부족, 신진대사의 불균형, 청각 문제, 혈당 불균형, 단맛 중독, 사랑 또는 섹스 중독, 진단하기 힘든 피부 질환, 약한 선과 기능 등	자존감 문제, 친밀감 문제, 섹스 공포증, 성적 충동 또는 섹스 도착증, 피부병, 피부 종양과 피부암 등
화성	놀랍거나 갑작스러운 병의 시작, 과다한 아드레날린 분비, 사고를 잘 당함, 두통, 근육 경련, 궤양, 염증, 피부 발진 등	부신의 기능 장애, 감염되기 쉬움, 산성이 높음, 적은 근육량, 근육 질환, 신체의 독소 배출 문제, 저혈압, 낮은 면역력 등	분노 장애, 성급함, 무례함, 선의 기능 저하, 전립선 문제, 독혈증, 급성 질환 또는 만성 질환의 문제, 독(뱀)에 쏘이거나 물리는 문제 등

건강에서 고려해야 할 사항

1) 여섯 번째 하우스

(1) 외형적, 육체적 건강. 스트레스를 받거나 질병에 걸릴 때 육체의 어느 부분이 취약할 수 있는지를 나타낸다.

(2) 여섯 번째 하우스 경계선(Cusp) 사인, 지배 행성의 사인 그리고 여섯 번째 하우스 안에 위치하고 있는 행성들을 고려한다.

2) 열두 번째 하우스

(1) 정신적, 유전적, 만성적인 건강.

(2) 열두 번째 하우스 경계선(Cusp) 사인, 지배 행성의 사인 그리고 열두 번째 하우스 안에 위치하고 있는 행성들을 고려한다.

　　- 여섯 번째 하우스 영역에 건강상 문제가 생길 경우 반드시 치료를 받아 회복해야 한다. 만일 방치하거나 적절한 치료를 하지 않을 경우 열두 번째 하우스 영역의 유전적, 만성적 질환으로 전이될 수 있다.

3) 첫 번째 하우스

활력, 육체 에너지. 어떻게 우리의 활력과 에너지를 사용하는가를 알 수 있다. 특히 어센던트(A.S)와 컨정션된 행성들은 매우 중요하다.

4) 부족한 원소와 모드를 고려할 것

(1) 불(Fire): 소화 기능 저하, 낮은 활력, 낮은 면역력, 피로, 자신감 부족, 방향성 상실, 수족냉증 등의 특성을 가진다. 적당히 자극적인 음식, 붉은 계열의 옷, 불 성향이 강한 사람들 과의 관계, 움직임, 운동 등이 필요하다. 불이 과하면 너무 많이 움직이고, 에너지를 과하게 소진하거나 불안정 할 수 있다.

(2) 흙(Earth): 자신의 몸(건강)에 관심이 적을 수 있다. 육체가 무엇을 필요로 하는지 모를 수 있다. 충분한 휴식과 수면이 필요하다. 꾸준한 운동, 규칙적인 생활, 마사지, 아로마 테라피 등이 필요하다. 흙이 과할 경우 집착적이고 강박적일 수 있으며 체중 문제가 올 수 있다. 운동 중독, 병에 대한 막연한 두려움이 나타날수 있다.

(3) 공기(Air): 감정의 기복이 심하다. 감정의 경계가 없다. 호흡이 매우 중요하다. 산책을 즐기며 자연과 가까이하는 것이 좋다. 만일 공기가 과하면 초조불안, 패닉, 수면 장애 등이 올 수 있다.

(4) 물(Water): 독소 배출이 어려울 수 있다. 혈액 순환, 대소변, 땀 배출 등이 원활하지 않을 수 있다. 많은 수분 섭취, 과일 등이 필요하며 드라이한 음식은 피하는 것이 좋다. 물이 너무 과하면 과체중, 분비물·땀·소변 등이 너무 잦거나 과한 배출의 문제, 감정에 사로잡히는 문제 등이 발생할 수 있다.

5) 행성들 간의 각도

건강에서는 스퀘어(□), 퀸컹스(⊼)를 주로 본다. 그러나 힘든 행성들 간의 컨졍선(♂) 역시 고려해야 한다(달-토성, 태양-명왕성 등).

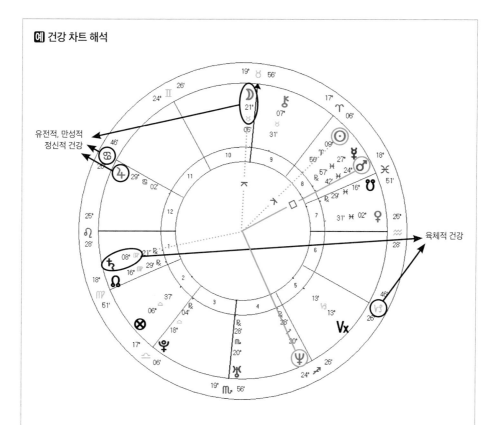

예 건강 차트 해석

유전적, 만성적 정신적 건강

육체적 건강

① 이 차트의 개인은 스트레스를 심하게 받거나 피로가 누적되면 여섯 번째 하우스 경계선 사인 염소자리가 관장하는 신체 부분과 염소자리 지배 행성인 토성 사인의 처녀자리가 관장하는 신체의 부분에 문제가 생길 수 있다.

이때 만일 적절한 지료를 하지 않는다면 만성적, 유전적, 정신적 질환으로 발전될 수 있는데 열두 번째 하우스 경계선 사인 게자리가 관장하는 부분과 게자리 지배 행성인 달 사인의 황소자리가 관장하는 부분의 질환 그리고 열두 번째 하우스 안에 위치한 목성이 관장하는 부분의 질환을 조심해야 할 필요가 있다 (215~216페이지의 '사인과 건강' 표, '217~218페이지의 '행성과 건강' 표 참고).

② 해왕성은 달과 퀸컹스(⊼), 화성과 스퀘어(□) 각을 맺고 있으며 토성은 태양과 퀸컹스(⊼) 각을 맺고 있다 (219~220페이지의 '행성들 간의 결합과 질병' 표 참고).

③ 건강에 대한 해석은 매우 조심해야 한다. 내담자에게 공포와 두려움을 심어 줄 수 있다. 차트상에서 건강 해석은 가정일 뿐이고 참고용이다. 영국의 저명한 점성학자 프랭크 클리포드는 아예 건강에 대하여 해석하지 않는다. 그 이유는 의학에 대한 지식과 경험이 없기 때문이라고 한다.

부록

실전 차트
해석 연습

차트 해석을 할 때 가장 추천하는 방법은 차트를 세세하게 분석해 보는 것이다.

필자도 차트 해석이 익숙하기 전까지 그렇게 하였다. 처음에는 차트 하나 분석하는 데 몇 시간씩 걸렸지만 지금은 15~20분 정도 걸리는 듯하다.

학생들에게도 이 방법을 권유한다. 이 방식대로 한다면 분명 차트 해석 능력이 어느 순간 향상되어 있는 것을 느끼게 될 것이다.

다음의 예시 차트를 분석해 보자.

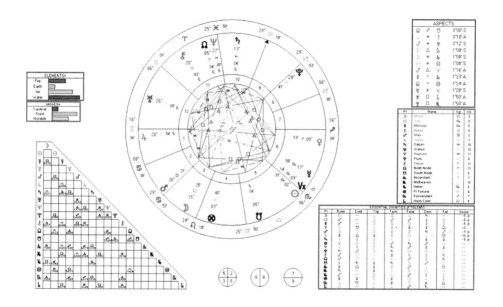

1. 원소와 모드

원소와 모드는 그림 그릴 때 첫 스케치를 하는 것과 같다. 전반적인 에너지 흐름을 보기에 좋다.

만일 원소와 모드가 고르게 분포되어 있는 차트라면 넘어가도 좋다.

이 차트의 경우 흙의 원소가 부족하고 카디널(Cardinal) 모드가 약하다.

흙원소의 부족으로 현실감, 생산성, 지속성, 인내심, 꾸준함이 부족할 수 있고 육체(건강)에 대한 관심이 적을 수 있다. 현실적이고 생산적인 사람들과 어울리거나 현실적인 무엇인가를 체계적으로 꾸준히 할 필요가 있다.

카디널 모드가 적으면 무엇을 추진하고 시작하며 활동하는 성향이 부족할 수 있으므로 부족한 카디널 모드를 의식적으로 발전시킬 필요가 있다.

2. 달의 주기

위 차트의 달의 주기는 하현달(Last Quarter Moon)이다. 과거의 일과 경험을 바탕으로 더 나은 것을 만들려고 하고 모든 일에 심사숙고하고 조용히 자기 목표를 향해 나아가는 성향일 수 있다.

3. 차트 형태

위 차트의 형태는 스플래시(Splash)이다. 행성이 골고루 퍼져 있는 형태이다.

긍정적인 면은 다재다능하고 다방면에 관심이 있을 수 있다는 점이다. 반면 이런 특성이 부정적으로 작용하면 한곳에 집중하지 못하여 아무것도 성취하지 못할 수도 있다.

> * 위의 1, 2, 3은 전반적인 차트 분위기를 알 수 있는 요소이다.

4. 어센던트(Ascendant)

어센던트(A.S) 사인은 쌍둥이자리이고 지배 행성인 수성은 6번째 하우스에 위치하고 있다.

매우 명랑하고 사회적이며 호기심이 많을 수 있다. 커뮤니케이션이 매우 중요할 수 있으며 지적 호기심에 많은 자극을 받을 수 있다. 그러나 이 모습은 타인이 보는 나의 모습일 수 있다. 즉, 나의 가면의 이미지일 수 있다. 어센던트 사인 에너지는 태양 사인 에너지에 영향을 준다. 즉, 이 차트의 태양 사인은 전갈자리이지만 좀 더 외향적이고 사회적이며 수용적일 수 있다.

지배 행성인 수성은 6번째 하우스에 위치하고 있다. 일과 하루하루의 일상생활, 건강 등이 이 차트 개인의 성격, 성향, 정체성 등에 영향을 미칠 수 있다.

5. 달

달의 사인은 사자자리이고 3번째 하우스에 위치하고 있다.

- 달: 안전과 보안, 감정, 본능적 반응, 직감, 무의식, 기본적 요구, 돌봄, 양육, 어머니, 생체 리듬, 여성의 주기, 대중적인, 내가 필요로 하는 것, 집, 부동산 등
- 사자자리: 원대한, 관대한, 충성스러운, 창조적, 창의적, 열정적, 충직한, 따스한, 리더십, 극적인 등
- 3번째 하우스: 커뮤니케이션, 교육, 쓰고 말하기, 언어, 네트워킹, 형제자매, 단거리 여행 등

행성, 사인, 하우스의 키워드를 조합하여 달이 어떠한 성향이며 어떤 영역에서 어

떻게 에너지를 발현해야 하는지를 생각해 본다.

달이 사자자리이면 따듯하고 창의적이고 긍정적이며 열정적인 마인드의 소유자일 수 있다. 인정과 찬사를 받기를 원하며 독립적이며 자기중심적인 성향이 있을 수 있다. 항상 관심을 받기 원하며 이기적이며 나르시시즘 성향도 있을 수 있다. 거칠고 공격적인 성향이나 안하무인식의 성향도 보일 수 있다. 허세, 허언, 과시욕 등이 감정적으로 불안할 때 나올 수 있다.

형제자매 관계 또는 교우 관계에서 어머니와 같은 역할을 할 수 있으며 감정적으로 편안한 집과 같은 환경에서 선생님 또는 윗사람에게 인정받을 때 학습 능력이 향상될 수 있다. 자신의 감정을 글과 말로써 극적(Dramatic)으로 표현하기도 한다. 감정적으로 안전하고 편안한 여행지 또는 이동 수단을 선호할 수 있다.

달은 수성과 스퀘어(□) 카이런과 트라인(△), 토성과 퀸컹스(ㅈ) 각을 맺고 있다.

- 달과 수성의 스퀘어: 나의 감정과 이성적 생각의 충돌. 나의 감정과는 다르게 말을 하거나 마음에 없는 말을 하기도 한다. 감정을 표현하는 것을 기피할 수 있으며 감정을 이성화하려 할 수도 있다. 긍정적으로 사용하게 되면 나의 감정을 창의적인 말, 글, 그림, 기호 등으로 잘 표현할 수 있다. 작가의 차트에서 많이 볼 수 있는 각도이다.
- 달과 카이런의 트라인: 혼자 있는 시간과 공간에서 마음이 편할 수 있으며 요가, 아로마테라피, 명상 등이 감정적 안정감에 도움을 줄 수 있다.
- 달과 토성의 퀸컹스: 위 경련, 섭식 장애, 모유 수유 문제, 요로결석 등의 건강의 이슈가 있을 수 있다. **필자의 경우 퀸컹스(ㅈ) 각은 건강과 관련된 해석을 할 때만 고려한다.**

6. 태양

태양 사인은 전갈자리이고 5번째 하우스에 위치하고 있다.

- 태양: 나의 성격, 개성, 자아
- 전갈자리: 직관적인, 통찰력이 있는, 단호한, 죽음과 재생, 힘, 헌신, 신비한, 열정적인, 억제하고 조절하는, 탐구적인, 장인의 기질, 믿을 수 있는, 집중력, 조사 능력 등
- 5번째 하우스: 창의력, 아이들, 엔터테인먼트, 즐거움 등. 5번째 하우스에 위치한 행성은 세상에 그 행성의 에너지를 창의적으로 발현하여 찬사를 받기 원한다.

이 차트의 개인은 통찰력 있고 카리스마 넘치며 힘이 있을 수 있다. 자신의 정체성을 쉽게 드러내 보이지 않으며 숨겨진 진실을 알고 싶어 한다. 조사 능력, 집중력이 뛰어나며 더 나은 사람으로 재탄생하는 변형을 경험할 수도 있다. 부정적으로 발현되면 비밀스럽고, 지배적이며 음흉할 수 있다. 자신의 이익을 위하여 다른 사람들을 이용하고 기만할 수 있다.

태양이 5번째에 위치하면 자기 자신의 창의력과 창조력을 어느 분야에서든 간에 발휘하여야 한다. 이 위치의 태양은 세상으로부터 박수와 갈채를 받기 원한다. 어린이들과의 관계가 매우 중요할 수 있고 어린이들과 관련된 직업을 가질 수도 있다.

태양(전갈자리)은 화성(게자리), 명왕성(염소자리)과 카디널(Cardinal) 티-스퀘어 각을 맺고 있다.

두 개 행성 사인이 카디널 모드이고 한 개 행성이 픽스드 모드인 경우 카디널 모드 티-스퀘어로 본다.

- 카디널 모드 티-스퀘어: 목표 지향적, 강한 추진력과 생명력이 있다. 항상 진행형이다. 대단한 일을 해내고 헤쳐 나가지만 참을성이 없고 고집스러운 행동이 잘못된 계획(구상)으로 이어지고 성급한 결정은 다른 사람들과 정면으로 대립할 수 있다.

태양은 화성과 명왕성 에너지의 강한 영향을 받고 있다. 이 조합이 긍정적으로 발현될 경우 매우 통찰력 있고 카리스마 넘치며 신중할 뿐만 아니라 행동력까지 겸비하고 있어 사회적으로 큰 업적을 이룰 수 있다.

이 티-스퀘어 조합은 매우 경쟁심이 강할 수 있지만 준비가 되기 전까지는 그 모습을 보이지 않을 수 있다. 하나의 목표에 집중하며 끝까지 목표를 성취한다. 생존 본능과 의지력이 매우 강하다.

그러나 이 에너지를 인식하지 못하고 부정적으로 발현될 경우 타인을 컨트롤하고 지배하려 하거나 자기 이익을 위해 사실을 왜곡하고 은폐하려 할 수 있으며 매우 폭력적이고 파괴적인 성향을 보일 수 있다. 즉, 무자비한 폭군의 이미지를 보일 수 있다.

차트 해석에서 각도의 패턴, 특히 스텔리움(Stellium), 티-스퀘어(T-Square), 그랜드 크로스(Grand Cross)는 차트 해석의 핵심 요소이다.

7. 수성

수성은 전갈자리이고 6번째 하우스에 위치하고 있다.

- 수성: 의사소통, 연설, 언어, 글쓰기, 말하기, 책략, 젊음, 운송, 상업, 형제자매, 움직임, 이동 수단, 네트워킹, 이성적 마인드, 호기심, 단거리 여행 등

- 전갈자리: 직관적인, 통찰력이 있는, 단호한, 죽음과 재생, 힘, 헌신, 신비한, 열정적인, 억제하고 조절하는, 탐구적인, 장인의 기질, 믿을 수 있는, 집중력, 조사 능력 등
- 6번째 하우스: 일, 건강, 다이어트, 의식, 절차, 애완동물, 직장 동료, 하루 일과, 서비스 등

이 차트의 수성 에너지는 조사하고 탐구하는 능력, 통찰력, 직관력 등이 뛰어날 수 있다. 매우 신중하고 깊이 있는 생각의 소유자일 수 있다. 그러나 부정적으로 발현되면 다른 사람들을 조종하고 지배하려 하거나 사실을 왜곡하거나 은폐할 수도 있다. 독설, 비아냥, 사기, 기만 등으로 나타날 수 있다.

통신기기 산업, 작가, 저널리스트, DJ, 우체부, 배달업, 강의, 정보통신, 가이드, 통역가, 번역가, 선생님, 법의학자 등의 직업을 가질 수 있으며 직장 내에서 또는 직장 동료들과의 소통이 매우 중요할 수 있다.

건강 면에서 신경계, 양팔, 허파, 기관지 등을 조심해야 한다.

수성은 토성과 트라인(△), 목성과 퀸컹스(ㅈ), 카이런과 퀸컹스(ㅈ) 각을 맺고 있다.

- 수성과 토성의 트라인: 체계에 맞게 현실적으로 수성 에너지를 사용할 수 있다. 논리정연하고 완벽하게 수성의 에너지를 사용할 수도 있다. 그러나 토성 에너지의 긍정적인 영향력을 인식하지 못하거나 당연시하여 발전하지 못할 수 있다.

- 수성과 목성/카이런의 퀸컹스: 수성이 관장하는 신체부의 건강에 유의해야 한다.[4]

---

4 'Part 13. 건강(Health)' 참조.

8. 금성

금성은 사수자리이며 6번째 하우스에 위치하고 있고 디센던트(D.C)와 컨정선(☌)을 이루고 있다.

- 금성: 사랑, 관계, 욕망, 아름다움, 평화, 조화, 예술, 예술적 표현, 자존감, 가치관, 미적 감각 등
- 사수자리: 낙천적, 열정적, 모험심이 강한, 철학적, 긍정적, 선견지명, 정의로운, 이국적인, 확장적인, 자유로운, 진리와 진실 탐구, 여행, 교육, 솔직함 등
- 6번째 하우스: 일, 건강, 다이어트, 의식, 절차, 애완동물, 직장 동료, 하루 일과, 서비스 등

이 차트의 개인은 관계에서 열정적이고 긍정적일 수 있다. 철학적이고 교육 수준이 높은 사람에게 관심이 있을 수 있으며 외국인과도 관계를 맺을 수 있다. 그러나 너무 낙천적이고 관대한 성향을 조심해야 한다(185페이지 참고).

자존감이 높을 수 있으며 가끔은 근거 없는 자신감이 있을 수도 있다.

교육, 여행, 모험 등에 돈을 소비하는 경향이 있을 수 있으며 위험이 따르는 투자, 한탕주의, 과소비 등은 조심해야 할 필요가 있다.

건강적으로 콩팥, 피부, 신진대사 등을 주의해야 한다.

금성은 토성과 스퀘어(□) 각을 맺고 있다.

사수자리 금성과는 아주 다른 성격의 행성과 스퀘어를 맺고 있다. 토성의 영향으로 관계에서 소극적이고 방어적일 수 있으며 거절에 대한 두려움과 자신이 충분치 못하다는 생각이 있을 수 있다. 관계에서 책임감이 강할 수 있으나 책임 지는 것을

두려워하여 관계를 피하려 할 수 있다. 그러나 사수자리 성향은 관계에 대하여 낙천적이고 정열적이며 긍정적이다.

이 두 개의 다른 성향이 갈등을 일으킬 수 있다. 너무 낙천적이고 긍정적인 마음으로 관계를 맺다가 책임을 지는 상황이 올 수 있으며 관계에 너무 방어적이고 소극적으로 누르고 있다가 어느 순간 폭발하여 무책임한 관계를 맺을 수도 있다. 긍정적으로 발현되면 현실적이고 책임질 수 있는 범위 안에서 교육, 여행, 모험, 종교, 철학 등을 통하여 서로 발전할 수 있는 관계를 맺을 수도 있다.

금전적인 면도 위의 내용과 같다. 구두쇠 성향과 과소비 성향의 갈등이 있을 수 있다. 과소비로 인하여 경제적인 책임을 질 수도 있지만 쓸 때는 쓰고 아낄 때는 아끼는 현명한 소비 성향도 있을 수 있다.

9. 화성

화성의 사인은 게자리이며 2번째 하우스에 위치하고 있다.

- 화성: 행동력, 대담성, 운동 능력, 용기, 추진력, 의지, 주장, 분노, 성적 취향, 경쟁심, 생존 본능 등
- 게자리: 감정적, 감성적, 수용적, 집요한, 배려하는, 보살피는, 친밀한, 양육하는, 현명한, 섬세한, 수줍은, 방어적인, 직감, 애국심, 의존적인 등
- 2번째 하우스: 돈, 소유물, 재정, 수업 능력, 가치관 등

화성과 게자리 사인은 안 어울리는 조합이다. 화성은 분출하고 행동하고 독립적인 에너지인 데 반하여 게자리 사인은 방어적이고 소극적이며 의존적인 성향이기 때문이다.

타인을 양육하고 배려하는 행동, 집을 꾸미고 정원을 가꾸는 일, 자신의 감정을 표현할 수 있는 춤과 연극 등이 화성 에너지 발현에 도움을 줄 수 있다. 수영, 스쿠버다이빙 등 물에서 하는 운동 또는 마음을 편안하게 해 줄 수 있는 운동(요가) 등이 적합할 수 있다. 팀 운동을 하는 경우 엄마와 같은 역할을 하는 것도 좋다.

2번째 하우스 영역은 내가 가진 자원을 의미한다. 나의 의지, 도전 정신, 모험심, 용기, 리더십, 운동 능력 등이 나의 재원일 수 있다.

감정에 기인한 즉흥적인 소비 성향이 있을 수 있다. 돈을 체계적이고 장기적인 안목으로 관리할 필요가 있다. 위험성이 높은 투자는 피하는 것이 좋다.

화성은 카이런과 스퀘어(□), 명왕성과 오퍼지션(☍), 해왕성과 트라인(△), 천왕성과 섹스타일(✶) 각을 맺고 있다.

이 차트의 화성은 게자리 사인이면서 카이런, 명왕성과 힘든 각(스퀘어, 오퍼지션)을 맺고 있다. 자기의 분노, 욕구, 주장, 의견 등을 적절하게 표현하기 힘들 수 있다. 자신의 분노와 욕구를 표현하지 못하다가 한계를 넘으면 매우 거칠고 폭력적으로 나타날 수 있으며 자해로도 나타날 수 있다. 이 차트의 개인은 자기의 분노와 욕구, 자기주장 등을 적절히 표현하는 법을 배워야 한다. 해왕성과 천왕성의 에너지는 화성을 도와주는 역할을 한다(트라인, 섹스타일). 그러므로 혼자만의 시간과 공간, 예술적인 활동, 종교 활동, 봉사 활동 등이 화성 에너지 발전에 도움을 줄 수 있다.

10. 목성

목성은 쌍둥이자리 사인이며 어센던트(A.S)와 컨정션(☌)을 이루며 역행한다.
다양한 분야에 관심이 많을 수 있으며 외국어 능력 또한 좋을 수 있다. 교육, 철학, 종교, 믿음 등이 이 개인에게 매우 중요할 수 있다. 세상을 나아갈 때 매우 긍정적이며 활기차며 자신감이 있다. 자신의 인생에 대한 확신과 신념이 있으며 외국 문물 또는 외국인과의 관계 역시 중요하다.

그러나 과장, 무모함, 현실성이 없는 비전, 낙천주의 등은 조심해야 한다.

목성의 역행은 남과 다른 믿음과 철학이 있을 수 있으며 교육 방식 또한 남과 다를 수 있다. 즉, 자신만의 믿음, 철학, 교육 방식을 선호할 수 있다.

개인 차트 해석에서 필자는 토성, 카이런, 천왕성, 해왕성, 명왕성의 사인과 이 행성들 간의 각도는 중요하게 고려하지 않는다.

11. 토성

토성은 물고기자리 사인이며 10번째 하우스에 위치하고 있으며 역행한다.

원래 자기 하우스에 위치한 토성은 어떠한 분야에서 큰 성과를 낼 수 있다. 특히 토성이 의미하는 직업 분야[5]에서 더욱 그러할 수 있다. 그러나 토성이 있는 영역은 많은 훈련과 숙달의 시간을 거쳐야만 한다. 가끔은 자기의 천직을 늦게 찾을 수도 있다.

역행하는 토성은 타인이 만들어 놓은 규칙과 규범을 지키는 것보다 자기만의 규칙과 규범을 중요시한다. 이러한 이유로 윗사람 또는 권력자와 마찰이 있을 수 있다. 책임감과 의무감이 너무 강하여 책임지는 위치에 가려 하지 않을 수도 있다.

필자는 카이런, 천왕성, 해왕성, 명왕성의 역행은 중요하게 고려하지 않는다.

---

5 'Part 12. 직업(Vocation)' 참조.

12. 카이런

카이런은 양자리 사인이며 11번째 하우스에 위치하고 있다.

권리를 박탈당하거나 소외된 사람들을 도와주는 단체 또는 외국인과 관련된 단체 등에 관심이 있을 수 있다. 대체요법, 자연치유, 힐링, 점성학 등에 관련된 단체나 모임에도 관심이 있을 수 있다. 본인이 모임이나 단체에서 멘토나 스승의 역할을 할 수도 있고 소외되거나 권리를 박탈당하는 경험을 할 수도 있다.

13. 천왕성

천왕성은 황소자리이며 12번째 하우스에 위치하고 있다.

이유 없는 단절과 분리의 경험을 할 수 있다. 즉, 특별한 이유 없이 관계가 단절되거나 집단에서 분리되는 경험을 의미한다.

창의력과 상상력을 자신만의 방식으로 표현하기도 하며 기존의 믿음이나 종교와는 다른 새로운 믿음과 종교에 관심을 보일 수도 있다.

이 배치의 개인은 결혼 생활, 직장 생활 등에서 자유롭지 못하다고 불평을 하지만 실제적으로 자유를 위해 변화를 시도하지 않을 수 있다. 12번째 하우스는 조상의 카르마를 의미하기도 하는데 이 배치의 천왕성은 자신의 자유, 독립, 개성을 성취하라는 조상의 메시지일 수 있다.

14. 해왕성

해왕성은 물고기자리 사인이며 11번째 하우스에 위치하고 있다.

예술적이고 영적인 단체 또는 봉사 단체, 종교 단체 등에 소속되기를 원하며 단체 구성원들과 하나가 되기를 원할 수도 있다. 단체 구성원과 공동체 생활을 할 수도 있다(1970년대 히피 그룹처럼). 그러나 잘못된 신을 섬기는 단체, 희생을 강요하는 단체, 건강하지 못한 다단계 등은 조심해야 한다. 단체 내에서 자신을 잃어버리거나 희생자가 되는 것을 주의해야 한다.

15. 명왕성

명왕성은 염소자리 사인이며 8번째 하우스에 위치하고 있다.

8번째 하우스에 위치한 명왕성은 아주 친밀하고 깊은 관계를 원한다. 정직과 믿음이 매우 중요하며 모든 것을 공유할 수 있는 관계를 의미한다. 그러나 누구도 믿을 수 없다는 생각 또는 배신의 두려움으로 친밀한 관계를 기피하려는 경향도 있을 수 있다. 조사, 탐구 능력이 뛰어날 수 있으며 수면 밑에 감추어진 진실을 알고 싶어 하여 죽음, 심리, 고고학, 오컬트 등에 관심을 보일 수 있다. 부모 또는 조상의 유산으로 큰 부를 얻을 수도 있고 유산 상속에서 제외될 수도 있다.

배우자 또는 사업 파트너의 영향으로 큰 부를 얻을 수도 있고 파산할 수도 있다.

16. 11번째 하우스에 위치한 노스 노드(☊)와 해왕성의 컨정션(☌)

11번째 하우스 영역과 해왕성 에너지는 이번 생에서 의식적으로 발전시켜야 한다. 해왕성이 의미하는 직업 분야 또는 예술적 취미 생활, 종교 생활, 봉사 활동 등으로 발전시킬 수 있다. 그러나 사우스 노드(☋)가 위치한 5번째 하우스 영역(창의력, 창조력 등)을 적절하게 사용하고 발현하지 못하면 노스 노드가 위치한 11번째 하우스 영역과 해왕성의 에너지를 발전시키기 어려울 수 있다.

이외에 분야별, 주제별로 좀 더 자세히 해석해야 할 내용이 있다(예: Vx, 인터셉트 사인, 반복된 사인, 행운의 배꼽 등). 그러나 처음에는 **사인, 행성, 하우스, 각도**를 중점적으로 해석하는 것을 추천한다.